마키아벨리의
토론수업

Niccolò Machiavelli

정의석 지음

········ 마키아벨리의 ········
토론수업

북씽크

차례

프롤로그 · 6

토론수업 1 사람의 생각, 사람들의 생각

1. 사람은 언제 속아 넘어 가는가? · 16
2. 선은 악의 씨앗이다 · 24
   - 공동선을 유지하기 위한 조건 · 24
   - 사랑은 보편타당한 가치인가? · 29
3. 오래된 권력은 필연적으로 부패한다 · 37
   - 권력은 유익한 가치에서 출발한다 · 37
   - 권력은 어떻게 약해지는가? · 42
4. 능동적인 사람은 많지 않다 · 48
5. 좋은 제도와 나쁜 제도는 무엇이 다른가? · 58

토론수업 2 강자의 프레임, 약자의 프레임

1. 분란을 일으키는 사람들은 누구인가? · 66
2. 외부의 요인이 운명을 결정하지 않는다 · 74
   - 내 목표는 스스로 정한 것인가? · 74
   - 내부의 적이 더 위험하다 · 81
3. 한 사람이 운명을 바꿀 수 없다 · 85
   - 개인의 생존 vs 사회의 생존 · 85
   - 호랑이는 어떻게 만들어지는가? · 90
4. 행운은 시대에 따라 변한다 · 96
   - 행운과 불운은 동시에 존재한다 · 96
   - 시대가 리더를 받아들이는 방식 · 101
5. 사람은 본래 악하다 · 106
6. 사람들의 욕심은 모두 똑같다 · 116

토론수업 3 어떻게 생존할 것인가?

1. 올바른 규율과 뛰어난 역량을 갖추어라 · 126
2. 위험을 감수하고 좋은 질서를 도입하라 · 132
   - 완벽한 규칙은 있는가? · 132
   - 모든 사람이 좋아하는 변화는 없다 · 138

3 상대를 위협할 수단을 갖추어라 · 144
 · 안전장치는 어디에서나 필요하다 · 144
 · 사회적 약자는 어떻게 착취당하는가? · 151

4 처음의 완벽함을 생각하라 · 155
 · 소중한 가치는 '시작'에 있다 · 155

5 유능한 지도자를 만나서 배워라 · 161
 · 인생의 성공을 결정하는 리더의 조건 · 161
 · 잭 웰치와 짐 굿나잇의 경영방식 · 168

토론수업 4 가치 있는 인생을 결정하는 삶의 원리

1 욕심을 부리지 마라 · 176
 · 비움의 미학, 군대의 청빈함 · 176
 · 잘못 끼워진 첫 단추 · 181

2 유익한 가치를 생산하라 · 187
 · 공동선으로 자신의 욕심을 숨기는 사람들 · 187
 · 희망을 대출해 드립니다 · 191

3 사람들의 지지를 얻을 수 있는 일을 하라 · 197
 · 힘은 자연스러움에서 나온다 · 197
 · 사람들의 마음을 얻는 방법 · 202

4 모든 것을 돈에 의존하지 마라 · 207
 · 돈으로 산 능력은 영원하지 않다 · 207
 · 막스 베버가 말하는 천민자본주의 · 214

5 균형을 맞추어라 · 220
 · 균형은 상황에 따라 달라진다 · 220
 · 좋아하는 일을 오래하는 법 · 225

6 모두가 상생하는 시스템을 꿈꿔라 · 230
 · 계급의 대립은 사라질 것인가? · 230
 · 연결경제의 혜택을 누리기 위한 우리의 자세 · 237

에필로그 · 242

프롤로그

'간교하고 약삭빠르기 이를 데 없는 권모술수의 달인이자 신의와 도덕 따위는 저 멀리 내팽개친 사람.' 우리가 생각하는 '마키아벨리'의 모습은 이 범위에서 크게 벗어나지 않습니다. 사실 사람들이 그를 이런 악랄한 이미지로 기억하는 가장 큰 이유는 '군주론'이라는 작품 때문입니다. '목적이 수단을 정당화한다.', '인간들이란 다정하게 안아주거나 아니면 아주 짓밟아 뭉개버려야 한다.' 등의 소름끼치는 말이 담긴 작품이니 우리가 그렇게 생각하는 것도 무리는 아닙니다. 그래서인지 마키아벨리는 우리의 마음속에 무자비함의 대명사로 자리잡고 있습니다.

그런데 사실 여기에는 큰 오해가 있습니다. 마키아벨리의 사상이 누군가가 의도적으로 만든 편견으로 인해 우리에게 제대로 전해지지 못했기 때문이죠. 그 이유 역시도 '군주론'이라는 책에 있습니다. 앞서 이야기했던 것처럼 군주론은 일반인이 생각했을 때 심하다 싶을 정도로 악랄한 내용들이 많습니다. 하지만 그 내용 속에 담긴 메시지에는 이전에 보지 못한 심오한 지혜가 담겨있었기 때문에 사람을 이해해야 하는 지배층은 이 책을 조금 다른 방식으로 받아들였습니다.

그렇다면 군주론을 읽은 지배층들의 반응은 어땠을까요? 대개 안에 있는 내용이 지나칠 정도로 뛰어나면 책을 읽은 사람은 이를 다른 사람들과 공유하는 걸 꺼립니다. 당시 지배층은 군주론이 사람들을 효율적으로 통제하기 위한 방법과 상대방을 잔인하게 밟는 수단을 효율적으로 제시하고 있으며 그 전략 하나하나가 인간의 본성을 꿰뚫고 있다고 판단했습니다. 이런 이유로 그들은 마키아벨리의 군주론을 읽지 말아야 할 책(금서禁書)으로 규정했습니다. 우리가 알고 있는 마키아벨리에 대한 부정적인 감정은 이때부터 이어져 온 것이죠.

그러나 이런 현상은 표면적으로 드러난 모습에 불과했습니다. 아이러니하게도 마키아벨리의 책을 금서로 지정했던 지배층에서 그의 사상을 이용하기 위한 방법을 고민하기 시작했기 때문입니다. 마키아벨리 이전의 지배층들은 정치를 신의 뜻에 따르거나 세상의 초월적인 원리에 순응하는 과정이라고 생각했습니다. 그러나 마키아벨리는 이런 의견에 정면으로 반기를 들었습니다. 부하들이 충성할 수 있는 상황을 만들지 않으면 배신을 당한다는 문구나 부모를 죽인 사람은 잊어도 유산을 가로챈 사람은 잊지 못한다는 마키아벨리의 주장은 이전의 정치사상에 비해 훨씬 현실적이고 진보적입니다. 그렇기 때문에 정치인들이 그의 사상에 관심을 갖게 된 것은 어떤 의미에서 보면 필연이었습니다.

하지만 따지고 보면 이런 전략은 정치인에게만 필요한 것이 아닙니다. 오히려 마키아벨리가 주장했던 내용은 평범한 일상을 영위하는 약자에게 더 필요합니다. 권력층은 자신을 보호할 수단이 있지만 약자는 그렇지 않기 때문입니다. 모든 것을 스스로의 힘으로 해결해야 하는 대부분의 약자들은 권력자에 비해 열악한 점이 한두 가지가 아닙니다. 이들은 오로지 자신이 갖춘 경쟁력으로 세상에 맞서야 합니다. 그러나 권력층의 상황은 전혀 다릅니다. 이들은 자신이 가진 힘만으로도 상대방을 충분히 압도할 수 있습니다. 약자에게는 참 슬픈 일입니다.

다행스러운 것은 우리가 지금 이야기 하고 있는 마키아벨리 역시 약자의 입장이었다는 점입니다. 힘이 있는 사람들을 위해 인생을 보냈을 것이란 선입견과는 다르게 그는 희망보다는 절망의 감정을 더 많이 체험했습니다. 어렸을 적에 참혹한 전쟁을 겪고 바르젤로 감옥에서 날개꺾기라는 무시무시한 고문을 당했으며 비교적 순탄하다고 생각했던 공직자로서의 삶도 마지막에는 그리 아름답지 못했죠. 공직에 있을 때도 마찬가지였습니다. 그가 속했던 피렌체는 약소 세력이었기 때문에 주변 정세에 매우 민감했습니다. 외교와 군사 업무를 맡았던 그에게 공직생활은 하루하루가 살얼음판이었습니다.

그렇기 때문에 우리는 그의 작품을 모두 약자의 입장에서 읽을 수 있습니다. 비록 마키아벨리의 저작이 정치에 필요한 전략이나 역사적 사례를 주로 언급하고 있기는 하지만, 작품 내에 기본적으로 자리잡고 있는 주제는 '사람과의 관계를 현명하게 다루는데 필요한 전략' 입니다. 우리가 타인을 어떻게 대해야 하는지에 대한 문제는 예로부터 지금까지 우리 사회를 관통하는 하나의 핵심 가치였습니다. 물론 이 가치는 시대적인 상황에 따라 조금씩 달라집니다.

여러분들이 지금 읽고 있는 이 책은 마키아벨리의 작품 중 하나인 로마사 논고를 시대사적 맥락에서 읽고 개인의 삶에 적용하려 부단히 노력한 결과물입니다. 사실 정치는 우리와 멀리 떨어져 있는 개념이 아닙니다. 기본적으로 정치의 핵심은 사람 혹은 집단과의 관계를 이상적으로 유지하는 전략입니다. 우리가 정치와 관련이 없을지라도 이 내용은 매우 중요합니다. 정치를 하지 않는 사람은 있을지 몰라도 살면서 누군가를 만나지 않는 사람은 없기 때문입니다.

이 책의 목적은 크게 2가지입니다. 로마사 논고의 내용을 통해 우리가 지금까지 오해해왔던 마키아벨리의 사상을 바르게 이해하도록 돕는 것과 그가 말하는 인생의 방향과 가치를 공유하는 것입니다. 책을 읽고 나서 이를 자신의 삶에 적용하고 더 나아가 그의 원전인 로마사 논고에도 관심을 가져주었으면 하는 것이 제 바람입니다.

로마사 논고는 티투스 리비우스가 쓴 로마사 총 35권 중 1권에서 10권까지의 내용에 마키아벨리 자신의 생각을 덧붙여 기술한 저서입니다. 재미있는 것은 군주론과 로마사 논고의 핵심 내용이 한사람이 쓴 것이라고는 믿을 수 없을 정도로 다르다는 점입니다. 그 이유는 마키아벨리가 겪었던 한 사건에 있습니다. 지배층의 관심을 얻어 자신의 능력을 발휘하고자 혼신의 힘을 다해 쓴 군주론이 당시의 권력자였던 로렌초 데 메디치의 환심을 사지 못했던 것입니다. 버려진 자신의 책을 뒤로 한 채 다른 귀족이 선물한 개에 더 관심을 보이던 그의 모습을 보며 마키아벨리는 깊이 상심했습니다.

그렇다면 실제 이 두 책의 차이점은 무엇일까요? 먼저 군주론을 살펴봅시다. 마키아벨리가 군주론에서 제시한 이상적인 정치 형태는 한사람의 강력한 권력자가 나라를 통치하는 것입니다. 그는 기본적으로 인간을 믿지 않았으며 대중을 우매한 존재로 여겼습니다. 그렇기 때문에 군주론을 살펴보면 지배층에게 도움이 되는 내용이 많습니다. 예를 들면 이렇습니다.

> "대중은 우매하고 이기적이기 때문에 국가의 예산, 법의 합리성, 실현 가능성 등은 고려하지도 않고 할 수도 없다. 다만 이기적으로 자신에게 이익이 되는 것도 아닌 '되는 것처럼' 보이는 정책만을 지지한다. 순진하게 이런 인간의 본성을 믿으며 다수의 목소리를 무조건 수용해주는 사회는 이미 파멸을 보장 받은 셈이다."

반면에 로마사 논고의 경우 앞서 언급한 내용과 전혀 반대의 주장을 펼칩니다. 시민이 지배층에 비해 잘 속는다는 사실 자체는 인정했지만 마키아벨리는 로마사 논고에서 군주 한사람의 능력보다는 시민 다수의 자율성을 강조했습니다.

> "시민에게 권력이 주어진 도시는 군주가 계속 통치하는 도시보다 훨씬 빠르고 큰 폭으로 성장한다. 왕을 몰아낸 뒤의 로마와 페이시스트라토스가 주도한 참주정치로부터 자유롭게 된 아테네가 이 사례에 해당된다. 이는 시민에 의한 정부가 군주가 주도하는 정부보다 낫다는 사실을 의미한다."

위의 문구를 통해 우리는 책의 방향을 어렴풋이 짐작할 수 있습니다. 먼저 군주론은 개인의 능력과 통제력을 중요하게 생각합니다. 반면에 로마사 논고는 시민의 자유의지에서 나오는 힘을 믿죠. 이 책이 군주론보다 로마사 논고를 다루려 하는 이유도 이 때문입니다. 우리가 익히 알고 있다시피 현대사회가 우리에게 요구하는 문제를 1명의 개인이 해결하기에는 많은 어려움이 따릅니다. 자율성을 기반으로 다양한 관계를 구축하고 그 속에서 전략을 찾지 않으면 실패할 가능성이 높습니다. 무소불위의 권한을 휘두르며 변수를 통제하는 군주의 방식은 이제 더 이상 사회에서 통하지 않습니다. 스스로의 가치관을 바탕으로 주도적으로 움직이지 않으면 생존이 어려운 시대가 된 것입니다.

마키아벨리는 우리의 인생을 결정짓는 요인으로 비르투(virtu)와 포르투나(fortuna)를 말합니다. 비르투는 인위를 떠받쳐주는 근원적인 힘을 뜻하며 라틴어의 비르투스(virtus)에서 유래한 이탈리아어로 윤리적인 덕을 의미합니다. 그러나 마키아벨리는 이 개념을 인간의 힘과 의지로 확장시켜 이해했습니다. 즉, 그가 주장한 비르투는 노력과 열정, 그리고 탁월성을 강조하는 개념입니다.

반면에 포르투나는 운명과 행운의 여신을 뜻합니다. 아무리 우리가 열심히 땅을 경작해도 제때 비가 내리지 않으면 그 해 농사는 흉작으로 끝납니다. 노력한다고 해서 꼭 성공하는 것만은 아닙니다. 운과 개인의 능력이 적절하게 조화를 이루어야 성공의 문을 열수 있습니다. 인간으로써 해야 할 일을 다 하고 하늘의 뜻을 기다린다는 진인사대천명(盡人事待天命)이라는 문구는 이 사실을 가장 단적으로 드러냅니다.

앞서 말한 두 가지 개념 중에서 마키아벨리는 인간의 영역인 비르투를 더 중요하게 생각했습니다. 마키아벨리는 우리에게 무모할 정도로 운명에 맞설 것을 권합니다. 만일 우리가 지금의 운명을 받아들인다면 우리가 할 수 있는 유일한 일은 '세상을 원망하는 것'입니다. 아쉽게도 원망만으로는 세상이 바뀌지 않습니다. 오히려 처절하게 발버둥치며 새로운 것을 만드는 사람에게 포르투나는 미소를 보일 것입니다.

로마사 논고를 처음 펴들었던 때부터 벌써 수 년의 시간이 흘렀습니다. 그동안 책을 읽으며 그의 통찰력에 감탄했던 적이 한두 번이 아니었습니다. 로마사 논고는 수세기 전의 정치가가 쓴 것이라고는 믿을 수 없을 정도로 현대를 살아가는 우리에게 시사하는 바가 많습니다. 모쪼록 이 책을 읽는 여러분들이 마키아벨리의 생각을 이해하고, 이를 바탕으로 세상을 살아갈 힘과 지혜를 얻길 소망합니다. 또한 이렇게 얻은 지혜를 활용하여 자신이 바라는 올바른 인생을 살아갈 수 있다면 저자로서 더할 나위 없이 기쁠 것입니다. 이 글을 읽는 모든 분들의 발전을 진심으로 기원합니다.

토론 수업 1

사람의 생각,
사람들의 생각

사람은 언제 속아 넘어 가는가?

　　　　　　　　우리는 살면서 다양한 것을 선택합니다. 점심 메뉴와 같은 간단한 것에서부터 시작하여 대학교 전공, 들어가게 될 회사 등 그 수는 셀 수 없을 만큼 많습니다. 그런데 아쉽게도 그 선택이 항상 좋지만은 않습니다. 무심코 시켰던 짬뽕이 너무 매워서 먹을 수 없는 경우도 있고, 경력을 키워줄 것이라 생각했던 회사에 들어간 후 퇴직을 심각하게 고민하기도 하죠. 좋은 선택은 항상 어렵습니다.

　그렇다면 우리가 선택을 잘 하지 못하는 이유는 무엇일까요? 먼저 지식이 부족하다는 점을 이야기해 볼 수 있습니다. 만약 남자에게 여성 속옷을 사달라고 요청하거나 화장품을 선물해달라는 부탁을 한다면 그가 제대로 이 일을 수행할 수 있을까요? 아주 특별한 경우를 제외한다면 답은 부정적입니다.

　허나 사실 이 문제는 그리 심각한 게 아닙니다. 만약 잘 모른다면 열심히 공부해서 잘 대비하면 되기 때문입니다. 오히려 우리는 나를 속이려는 사람들이 생각보다 많다는 사실에 주목해야 합니다. 누군가가 부정한 방법으로 이익을 보려면 어떤 방식으로든 남을 속여야 합니다. 물론 모두가 이익을 보는 '윈-윈'이라는 좋은 말이 있지만 솔직히 말하면 세상에 그런 관계는 많지 않습니다.

그렇다면 잘 속지 않기 위해 우리가 갖추어야 할 역량은 무엇일까요? 먼저 마키아벨리의 의견을 살펴봅시다. 그의 의견은 다음과 같습니다.

> "인민은 일반적인 사안에 대해서는 잘 속지만 구체적이고 개별적인 사안으로 내려오게 되면 재빨리 그리고 쉽게 사태를 직시하게 된다."

사실 위의 말은 살짝 봐서는 잘 이해가 되지 않습니다. 핵심은 간단합니다. 조건을 꼼꼼하게 따지지 않고 그저 좋은 것이겠거니 하고 쉽게 믿으면 속을 가능성이 높아진다는 것입니다. 예를 들어 선거철에 특정 후보가 '집값을 올리도록 노력하겠다'라는 공약을 제시했다고 가정해봅시다. 이 후보의 지지율은 어떻게 될까요? 아마 그 결과는 집값이 오른다고 믿는 사람과 어떻게 올릴 것인지 물어보는 사람의 비율, 후보의 공약 시행 의지 등 다양한 요인에 의해 결정될 것입니다.

　만약 이 공약을 제시한 사람이 한국의 선거후보라면 그는 당선될 수 있을까요? 결과를 예측하기 위해서는 먼저 한국의 세대별 성향을 분석할 필요가 있습니다. 대개 베이비붐 세대로 대변되는 중장년층의 경우 노력을 중요하게 여기고 성공의 열쇠는 믿음과 신뢰라고 생각하기 때문에 이들이 투표에 참여하면 해당 가치가 선택에 반영될 가능성이 높습니다. 반면에 젊은 세대의 성향은 이와 정반대입니다. 다른 사람에게 무언가를 베풀어 줄 수도 없을 만큼 열악한 환경에 놓여있기 때문이죠. 이들은 무언가를 나눠주며 선하게 살려고 하면 자신이 가진 것조차 빼앗길 수 있을 만큼 힘든 시절을 버티고 있습니다. 그래서 평균적으로 보면 중장년층의 경우 누군가가 어떤 말을 하면 잘 믿어주는 편입니다. 젊은 세대는 이들과 다릅니다. 물건을 사더라도 꼼꼼하게 가격을 따지고, 작은 선택 하나도 허투로 하지 않습니다.

　그렇기 때문에 정치인은 연령별 투표율에 따라 자신이 집중해야 할 곳에 에너지를 쏟습니다. 대개 한국의 정치인은 청년층보다는 40대 후반 이상 중장년층의 표심을 사로잡기 위해 노력합니다. 이 연령대의 투표율이 청년들보다 높기 때문입니다. 그러니 청년들 사이에서 나오는 구설수는 시끄럽긴 하겠지만 이들에게 큰 타격을 주지는 못합니다(물론 그렇다고 해서 정치인이 안하무인격으로 행동할 수 있다는데 동의하는 건 절대 아닙니다). 100% 일치하는 것은 아니지만 대개 우리나라의 선거는 이들 중장년층의 표심을 가져가는 사람이 당선될 확률이 높습니다.

로마사 논고에도 비슷한 사례가 있습니다. 로마 시민들이 집정관(왕을 대신하는 국가의 지도자, 영국이나 일본의 총리 개념으로 이해하면 얼추 비슷합니다)이라는 직책에 반기를 들고 그 권한을 제한하기 위해 네 명의 호민관을 선출해야 한다고 주장했던 것입니다. 시민들은 집정관이라는 명칭 자체를 싫어했기 때문에 평민계급 출신의 인물이 집정관으로 선임되거나 아니면 누군가가 집정관의 권한에 제한을 가하길 원했습니다.

논의 끝에 그들은 집정관의 권력을 가진 네 명의 호민관을 두고 이 직위에 자격을 두지 않기로 결정했습니다. 귀족이나 평민이라는 신분에 상관없이 능력이 있는 사람이라면 모두 이 직위를 차지할 수 있었습니다. 재미있는 사건은 바로 이 다음에 일어났습니다. 호민관이 선출되었는데, 그 결과가 예상했던 것과 사뭇 달랐기 때문입니다. 그들 4명은 모두 귀족출신이었습니다. 집정관이라는 고위 계층에 반기를 든 평민이 이를 견제할 호민관을 귀족으로 선출했다는 사실은 모두에게 충격을 선사했습니다. 그들은 왜 이런 결정을 한 것일까요?

우리는 그 이유를 앞서 언급되었던 마키아벨리의 말을 통해 살펴볼 수 있습니다. 사람은 일반적인 것에는 잘 속고 구체적인 것에는 잘 속지 않습니다. 시민들은 지금 집정관의 현 태도와 정책이 마음에 들지 않는다는 사실(일반적인 사안)에는 전체적으로 동의했습니다. 그러나 후보로 올라온 사람들의 역량을 하나하나 검증하면서 (구체적인 사안) 평민이 그 직책을 수행할 수 없다는 결론을 내렸습니다. 능력이 되지 않기 때문에 그 기회를 더 잘할 수 있는 사람에게 양보한 것이죠.

앞선 사례와 다르게 로마에서 이런 일이 일어날 수 있었던 원인은 그들의 시민의식이 성숙했기 때문이었습니다. 오늘날에는 세계의 어느 곳에서도 이런 모습을 기대하기 힘듭니다. 오히려 나라의 미래와는 상관없이 자신의 이익을 먼저 챙기지나 않으면 다행이라고 생각해야 합니다. 여기서 우리는 로마의 시민들이 '집정관의 권력을 제한하자'와 같은 일반적인 가치에는 동조했지만 이를 어떻게 해결할지 고민하는 과정에서 의견이 여러 가지로 갈렸다는 사실에 주목해야 합니다. 그들은 자신의 능력을 인정하고, 받아들이면서 결국 그 자리는 귀족에게 돌아가야 한다는 의견을 제시했습니다. 마키아벨리는 이 상황을 다음과 같이 표현하고 있습니다.

"인민은 그들이 개별적인 사안을 고려할 수밖에 없게 되자 자신들이 품고 있던 환상을 직시하게 되었다. 그 밖에도 인민은 일반적인 사안이나 이와 관련된 사건을 판단함에 있어서는 자기기만에 빠지지만, 나중에 이러한 일들을 개별적으로 접근하게 되면 잘 속지 않았던 것이다."

지금까지 살펴본 것처럼 우리가 선택을 할 때 고려해야 될 요인은 상당히 많습니다. 그 중 가장 조심해야 할 점은 '그럴 듯하게 들리는데 잘 이해가 되지 않는 매력적인 것'을 피하는 일입니다. 이는 우리를 홀리기 위한 고도의 전략입니다. 이런 스타일의 대화를 주도하는 부류는 우리가 원하는 것을 정확하게 파악하는 귀신같은 감각이 있습니다. 만약 우리가 앞서 강조한 대로 꼼꼼하게 사실관계나 전략을 캐물으면 이들은 대답을 하지 않고 다른 주제로 말을 돌립니다. 문제는 이런 과정이 우리가 눈치채지 못할 만큼 아주 은밀하게 이루어진다는 점입니다. 더 심각한 상황은 우리가 그들의 뛰어난 언변에 홀려 중요하게 이야기되어야 할 것을 논의하지 못하고 그들의 의도에 장단을 맞추는 것입니다. 결국 미소를 짓는 것은 그들입니다. 우리는 그들 앞에서는 순진한 어린 양일 뿐이죠. 잡아먹힐 수밖에 없다면 적어도 도망은 갈 수 있어야 하는데도 달아날 수 있는 사람은 적습니다.

그렇기 때문에 우리는 사람을 만나고 대화를 하며 다음과 같은 내용들을 꼭 기억해야 합니다. 첫 번째는 '내 주변에서 일어나는 일에 관심을 갖고 열심히 공부하는 것'입니다. 인생의 질과 방향성을 결정하는 것은 우리 주변의 정보와 지식입니다. 석기를 사용하던 옛날부터 첨단기술로 무장한 오늘날에 이르기까지 사람은 생존에 필요한 지식을 반드시 익혀야 했습니다. 살아남기 위해 우리가 생각해야 할 가장 중요한 과제는 내 주변의 환경을 정확하게 분석하고 이를 자신의 역량으로 어떻게 해결해나갈지 고민한 뒤 결과를 내놓는 것입니다.

잘 이해가 되지 않는 것이라면 거리를 두고 상황을 지켜보는 것도 좋은 선택 중 하나입니다. 나보다 먼저 이 선택지를 집어든 사람이 어떻게 변하는지를 살펴봅시다. 만약 그가 큰 피해를 입는다면 우리는 이를 선택하면 안 됩니다. 물론 반대로 그가 성공하는 사례가 나올지도 모르죠. 그럴 경우에는 그의 행동을 따라하며 성공할 수 있는 전략을 천천히 고민하고 실행하면 됩니다. 이런 전략을 제안하는 이유는 어떤 일을 처음 시작하는 선발주자의 성공 가능성이 후발주자보다 낮기 때문입니다. 마케팅 연구자인 피터 골더와 제라드 텔리스의 연구결과가 이를 가장 잘 반영하는 사례입니다. 그들은 다양한 지표를 활용하여 선발주자와 후발주자의 성공 가능성을 분석했습니다. 가장 큰 차이점은 실패율이었습니다. 선발주자들의 실패확률은 47퍼센트였던 반면에 후발주자는 8퍼센트에 그쳤습니다. 보수적인 시각에서 볼 때 우리가 선택해야 할 것은 선발주자보다는 후발주자입니다. 물론 모험을 하더라도 피해가 적은 상황을 만들 수 있다면 새로운 도전은 많이 할수록 좋습니다. 대개 문제는 그렇지 않을 때 많이 발생하기 때문입니다.

 마지막으로 강조하고 싶은 말은 '만약 우리가 꼭 이 일을 해야 한다면 내가 손해를 볼 수 있는 부분이 어디인지 꼼꼼하게 확인해라'입니다. 살면서 항상 선택을 피할 수만은 없습니다. 만약 인생이 이처럼 자신이 원하는 것을 모두 할 수 있는 아름다운 것이라면 지금과 같은 문제는 발생하지 않았을 것입니다. 허나 어쩔 수 없음을 알면서도 부득이하게 그 선택을 해야 하는 상황은 우리 인생에서 의외로 많이 찾아옵니다. 이 때 가장 중요한 것은 선택권을 다른 사람에게 넘기지 않는 것입니다. 우리는 무언가를 선택하는 행위를 매우 조심스럽게 생각해야 합니다. 그냥 '좋다' 라는 느낌만으론 안 됩니다. 이게 왜 좋을 것 같은지에 대한 대략적인 기준을 제시하고 이에 따라 신중하게 결정을 내립시다. 그렇게 한다면 아마 우리는 이전에 비해 훨씬 더 현명한 선택을 할 수 있을 것입니다.

선은 악의 씨앗이다

공동선을 유지하기 위한 조건

마키아벨리는 '악행의 모든 사례는 본래 선한 출발을 가지고 있다.'고 말했습니다. 우리 주변에서 일어나는 사건을 살펴보면 처음부터 불순한 의도로 진행된 경우는 상대적으로 많지 않습니다. 억울함을 호소하다 우발적으로 저지르는 폭행, 주린 배를 채우기 위해 훔치는 빵 등이 대표적인 사례라 할 수 있습니다. 이들의 사례는 많은 사람들의 마음을 안타깝게 만듭니다.

대개 자연에 살고 있는 생물은 모두 자기를 보호하려는 본능이 있습니다. 그렇기 때문에 위기가 찾아오면 자신의 몸을 상하게 하며 남을 지키기 보다는 오히려 상대방에게 피해를 입히는 것을 선택합니다. 살아남기 위해 선택한 어쩔 수 없는 결과일까요? 만약 내가 피해를 받는 입장이라면 이는 용납할 수 없는 일이지만 상대방은 살았다며 안도의 한숨을 내쉴지도 모릅니다. 약육강식의 환경에서라면 어쩔 수 없는 선택이죠.

이와 같은 자연상태가 사람들에게도 적용된다면 대부분은 생존을 위해 악을 선택할 수밖에 없습니다. 이 문제를 해결하기 위해 사람들은 모여 서로를 보호할 수 있는 수단을 강구하기 시작했습니다. 이런 과정에서 국가가 생겼죠. 그렇기 때문에 국가가 처음 세워질 때에는 선한 의도가 중요한 요소로 작용합니다. 이런 현상에 대해 마키아벨리는 다음과 같이 말합니다.

"공화국에서 시민의 최초의 노력은 다른 사사로운 시민들로부터는 물론 관리들로부터 피해를 입지 않고자 하는 것이다. 이를 성취하기 위해 그들은 우의를 맺고자 하며, 그 우의를 일견 명예로운 방법으로, 곧 친구를 돈으로써 돕거나 아니면 강력한 자들로부터 보호함으로써 얻는다. 이러한 처신은 명예롭게 보이기 때문에, 그것은 쉽게 모든 사람을 속인다. 그리하여 어느 누구도 이에 대해 반대하지 않는다."

그러나 마키아벨리는 이런 상황에 무조건적으로 찬성표를 던지진 않습니다. 그 이유는 사람들 사이에서 드러나는 개인적 욕심 때문입니다. 이상적인 목적으로 국가가 세워진 처음에는 아무도 이 문제를 심각하게 생각하지 않습니다. 그러나 이런 이상적인 구조는 생각보다 그 수명이 짧습니다. 마키아벨리의 예상도 이와 같았습니다.

> "사사로운 피해를 입지 않기 위한 목적을 성취하기 위해 우의를 맺는 과정을 의심하지 않는 상태가 지속되면 야심 많은 인물은 아무런 방해를 받지 않고 매우 강력한 권력을 취득하게 되고, 일반 시민은 그를 두려워하게 되며, 관리들 역시 그를 존중하게 된다. 또한 아무도 그가 그토록 성장하는데 반대하지 않았기 때문에, 그가 이러한 위치에 오르게 되었을 때 이제 그는 그에게 반대하는 것조차 매우 위험한 행위가 될 정도의 지위에 오른 셈이 된다."

이런 상황이 되면 사람들 대부분은 글의 도입부에서 언급한 자연상태에서 스스로를 보호해야 합니다. 제도는 권력자를 보호하는 강력한 무기로 변합니다. 권력자는 이 무기를 자연스럽게 활용하여 자신이 다스리는 백성을 탄압합니다. 다음 수순은 부조리를 참지 못한 대중이 자신들의 의사를 권력자에게 표현하면서 발생합니다. 성공하면 기존의 권력이 붕괴되고 새로운 국가가 세워지지만 실패할 경우 그들은 다시 인고의 시기를 견뎌내야 합니다. 그렇기 때문에 마키아벨리는 이런 사태를 방지하기 위해 제도를 정비해야 한다는 주장을 펼쳤습니다. 시스템을 통해 이런 문제점을 해결해 보자는 것이었습니다.

> "공화국은 이러한 법률을 제정해야 한다. 시민들이 선의라는 허울을 쓰고 악을 행하지 못하도록 감시하는 법률, 시민들이 자유를 증진시킴에 따라 인기를 얻되 자유에 위해를 가하는 일이 없도록 감시하는 법률을 제정해야 한다."

그러나 만약 권력을 획득한 사람이 모든 사람들에게 유익한 제도를 만들고 실천한다면 상황은 180도 달라집니다. 대중은 지금이 좋기 때문에 굳이 권력자를 바꿔야 될 필요성을 느끼지 못하죠. 그러나 슬프게도 야심많은 인물이 권력자가 되는 경우가 많았기에 역사를 살펴보면 희극보단 비극이 많습니다. 자신이 받아야 할 피해를 타인에게 전가하는 경우도 심심치 않게 발견되죠. 로마사 논고에도 같은 내용이 기록되어 있습니다.

"시민이나 귀족은 상대방이 겸손하게 나갈수록 오만해지게 마련이다. 인민이 분수를 지키면 젊은 귀족들은 그들을 모욕하기 시작한다. 호민관 역시 수모를 당하기 때문에 별다른 치유책을 내놓을 수 없다. 다른 한편 귀족들은 그들의 젊은이들이 지나치게 오만하다는 점을 느끼기는 하지만, 법률이 부과한 억제책이 준수될 수 없다면 인민이 그것을 위반하는 것보다 자기측이 위반하는 것이 더 낫다고 생각한다. 그리하여 자신의 자유를 지키고자 하는 일방의 소망은 상대방에 대해 억압을 가할 만큼 강력해진다. 이러한 움직임을 지배하는 법칙은 인간이란 두려움에서 벗어나고자 할 때, 대신 타인을 두려움에 몰아넣는 것이다. 그리하여 마치 해를 가하거나 아니면 해를 입거나 하는 양자택일의 상황이 필연적인 것처럼, 그들은 스스로 피하고자 하는 상처를 타인에게 가하고 만다."

앞서 말씀드린 바와 같이 국가 내에서 가장 중요한 요소는 '권력자가 어떤 마음을 갖고 있느냐'입니다. 이를 개인에게 빗대어 설명해봅시다. 지금 여러분들의 마음에 가장 강하게 자리잡은 습관은 무엇입니까? 이 요소는 국가에서 권력자가 가지는 힘과 동일한 결과를 불러일으킬 수 있습니다. 만약 바르고 선한 습관을 매일 실천하는 사람이라면 개인의 삶에 많은 발전이 있을 것입니다. 반대로 나쁜 습관을 버리지 않는 사람은 폭군 위에서 그저 자신을 죽이고 버티는 군중과 같습니다.

만약 스스로를 돌아보았을 때 선한 습관의 영향이 더 크다면 이를 온전하게 유지하는데 온 힘을 쏟아야 합니다. 물론 반대의 경우라면 내면을 자세히 살핀 뒤 인생을 바꿀 수 있는 긍정적인 습관을 만들 수 있도록 노력합시다. 마키아벨리가 국가의 권력자를 견제하기 위해 강력한 시스템을 구축해야 한다고 주장했던 것처럼 우리 또한 자신의 몸과 마음을 붙들어 맬 수 있는 강력한 규율이 필요합니다. 글을 읽으면서 마음을 다잡는 시간을 가져봅시다. 이는 여러분들의 인생을 올바르게 설계하는데 큰 도움이 될 것입니다.

사랑은 보편타당한 가치인가?

오늘날에는 사람들의 수만큼 다양한 생각들이 쏟아지고 있습니다. 누가 옳은지에 대한 논쟁도 많고 이를 바탕으로 자신들의 영향력을 키워 사회적으로 명성을 쌓는 이들도 생겼습니다. 사람들은 대개 누군가에게 자신의 생각을 인정받고 싶어하는 속성이 있습니다. 물론 다른 사람들을 설득하기 위해서는 그 사람이 진정으로 원하는 것이 무엇인지 파악하고 그것을 줄 수 있다는 확신을 심어주어야 합니다.

과거를 살펴보아도 이런 추세는 크게 변함이 없었습니다. 자신의 사상이 옳다고 주장하며 이를 실현시켜 줄 군주를 찾았던 춘추전국시대가 가장 대표적인 예입니다. 우리가 알고 있는 대로 이 때 주류로 인정받아 지금까지 우리에게 익숙한 제자백가는 공자를 위시로 한 유가였습니다. 물론 노자를 중심으로 한 도가 역시도 현대에 시사하는 바가 많지요.

그렇지만 역사에서 인정을 받지 못해 우리가 기억하지 못하는 사상들이 무조건 나쁜 것만은 아닙니다. 만약 이게 사실이라면, 진시황이 실시했던 분서갱유에 포함된 서적들은 모두 나쁜 것이어야만 하죠. 하지만 실제로 사실을 따지고 보면 그렇지 않습니다. 나름대로의 배경이 모두 있었던 것이지요. 이런 사실과 그에 따른 인과관계를 정확하게 이해하게 되면 역사를 더 재미있게 배울 수 있습니다. 사건보다는 그 사건이 일어난 원인과 결과를 확인하는 것이 중요한 이유는 우리가 이 과정을 통해 오늘날 우리의 삶에 적용할 수 있는 기준을 발견하게 되기 때문입니다.

춘추전국시대에도 이처럼 사람들에게 잊혀져 버린 비주류 사상가들이 있었습니다. 여기서는 그 중 묵자에 대해 알아볼 예정입니다. 학교에서는 그의 사상을 겸애(또는 사랑)라는 한 단어로 표현하며 중요하게 다루지 않고 넘어가는 편이 많은데, 그의 사상을 다시 한 번 살펴보며 묵자가 현대사회에서 어떻게 재해석될 수 있는지를 알아보면 그 시대의 상황과 사상을 이해하는데 도움이 될 것이라 생각합니다.

묵자는 춘추전국시대의 허난성에서 태어난 철학자입니다. 제자백가 중 묵가를 대표하는 위인이지요. 모두에게 공평한 사랑인 겸애를 주장했고 결과적으로 유가와 격렬한 대립을 하게 되는 인물이기도 합니다. 유가는 기본적으로 가족을 중시하는데 묵자는 모두에게 공평한 사랑을 베풀어야 한다고 했기에, 묵가는 유가로부터 '아비도 몰라보는 집단'이라는 오명을 뒤집어씁니다. 그렇다면 유가에서 이토록 비판한 묵가의 핵심사상은 무엇일까요?

그의 대표적인 사상은 '겸애'입니다. 묵자가 본 춘추전국시대의 상황은 '총체적인 사회적 위기'였습니다. 무도하고 불의하고, 이기적이며 서로를 파멸시키려는 사람들이 가득한 시대로 규정했던 것이지요. 묵자는 주린 자는 먹을 것이 없고, 추운 자는 입을 것이 없고, 일하는 자는 쉴 틈이 없다 라고 했습니다. 이러한 현실인식을 보았을 때 묵자가 가장 주목했던 부분은 시대를 살아간 민중들의 고통이었습니다. 이를 해결할 방안으로 묵자는 겸애를 주장했던 것이죠. 그가 말했던 내용은 묵자의 겸애편에서 확인할 수 있습니다. 해당 내용은 다음과 같습니다.

'천하를 다스리고자 하는 사람은 반드시 혼란의 원인을 알아야 다스릴 수 있으며, 그 원인을 알지 못하면 다스릴 수가 없다. 비유하자면 병의 원인을 알지 못하면 고칠 수 없는 것과 같다. 사회의 혼란을 다스리는 것 역시 어찌 이와 다르겠는가? 사회의 혼란은 모두 서로 사랑하지 않기 때문에 일어난다.'

묵자는 우리가 서로 사랑하지 않으면 어떤 결과가 발생하는지를 매우 논리적으로 설명합니다. 그는 사회적 혼란의 원인이 바로 나와 남을 구별하는 차별에서 비롯된다는 것을 역설하고 서로 이익이 되는 상리관계(오늘날의 윈-윈)를 만들어야 한다고 주장했습니다. 개인의 관계에서도 물론 충분히 가능한 것이지만 법과 제도의 힘을 빌어야 하는 부분이기도 합니다. 더 읽다 보면 우리에게 익숙한 구절도 나옵니다.

'만약 천하로 하여금 서로 겸애하게 하여 이웃을 네 몸 같이 사랑한다면 어찌 불효가 있을 수 있겠는가? 그러므로 천하가 서로 겸애하면 평화롭고, 서로 증오하면 혼란해진다. 묵자께서 이웃을 사랑하지 않으면 안 된다고 한 까닭이 이와 같다.'

기독교의 교리 중 하나인 '이웃을 네 몸 같이 사랑하라'가 춘추전국시대에도 있었습니다. 묵자를 잘 살펴보면 그가 주장한 사상은 기독교의 내용과 매우 흡사합니다. 기독교의 하나님이 사랑인 것처럼 묵자의 하느님 역시 겸애입니다. 기본적으로 묵자는 다른 사람들을 변화시키는 근본적인 힘을 '사랑'에서 찾았습니다. 세상 모든 사람들이 마음속에 남을 위하는 마음을 품고 있다면 전쟁을 일으킬 일도, 다툴 일도 없었기 때문입니다. 이런 상태를 가정하고 묵자가 주장한 것이 바로 비공(공격을 하지 않는 것) 입니다.

손자병법에서 손자는 '전쟁을 할 때 상책은 싸우지 않고 이기는 것'이라는 말을 남겼습니다. 그 이유는 간단합니다. 전쟁을 일으키기 위해 필요한 자원의 규모가 매우 크기 때문입니다. 군사들이 먹을 군량, 숙영지만 생각해보았을 때도 소모되는 부분이 많은 것이지요. 만약 전쟁이 장기화된다면 피해는 더 심각해집니다. 그렇기 때문에 손자는 전쟁을 할 때 가급적이면 싸우지 않고 기세로 이기라는 내용을 강조했습니다. 묵자의 생각 역시 손자와 비슷한 측면이 있습니다. 다만, 이를 발현시키는 방법에 있어서는 약간 차이가 있지요.

그는 사람들이 사랑의 마음을 갖고 있다면, 서로 남을 침범하지 않고 행복하게 살 수 있을 것이라고 말했습니다. 다만 묵자가 간과한 것은 '모든 사람들이 남을 사랑하는 마음을 갖게 되기는 어렵다는 점'입니다. 사람은 욕심으로 인해 서로를 죽이고 자신과 남을 구분지으며 살아갑니다. 나와 남의 차별로 시작하여 계급과 계급, 지역과 지역 그리고 집단과 집단 간의 차별로 확대된다는 뜻입니다. 묵자는 비공을 주장했지만 실제로 그가 살았던 시기는 공격이 흔했던, 전란의 한가운데였죠. 전쟁 중에 자신의 세력을 넓혀야 했기 때문에 군주들로써는 어쩔 수 없는 선택이었을 것입니다. 자신의 것을 내려놓고, 서로 사랑하자는 묵자의 의견은 공염불로 변했습니다. 누구도 자신의 것을 포기하고, 타인을 사랑하려는 시도를 하지 않았습니다. 그렇기 때문에 춘추전국시대에서 묵자의 사상은 상대적으로 그 영향력이 다른 사상에 비해 미미한 편입니다.

기본적으로 묵자의 사상은 모두가 잘사는 세상을 만들기 위해 필요했습니다. 그러나 빈부격차를 없앤다는 것은 매우 급진적인 사상이었습니다. 사람들은 자신이 가진 것을 더 많게 해줄 경우에는 호의적이지만 기존에 가지고 있던 것을 빼앗아 갈 경우에는 격렬하게 저항합니다. 묵자 사상의 핵심이 '모두가 공평하게'였으니 당연히 기존에 권력을 가지고 있던 사람은 묵자의 의견에 반대했을 것입니다.

저는 묵자를 살펴보면서 사상 하나로 생각할 수 있는 다양성의 세계를 확인할 수 있다는 점이 좋았습니다. 공부는 하나를 바탕으로 펼쳐지는 생각의 향연을 지금까지 내가 익힌 논리와 방법으로 정리하는 과정입니다. 결국 앞에서 언급된 사상에서 중요한 것은 사람들을 생각하는 마음입니다. 물론 그 마음을 표현하고 공유하는 방식이 달랐기 때문에 다양한 제자백가가 형성되었을 것입니다. 우리에게 중요한 것은 제자백가 사상의 특징을 외우는 것이 될 수도 있습니다. 그러나 그 사람들이 왜 이런 사상을 주장했는지에 대한 배경을 파악하는 일은 전자보다 훨씬 더 중요합니다. 역사를 만들어가는 존재는 사람입니다. 만일 우리가 그 시대의 사람들을 잘 이해할 수 있다면, 앞으로 있을 일도 다른 사람들보다 비교적 쉽게 예측할 수 있을 것입니다. 역사란 돌고 도는 것이니까요. 사람들의 마음도 예전에 비해 큰 차이를 보이지는 않습니다.

묵자를 통해서 우리는 '아무리 그 뜻이 좋은 이상적인 사상이라고 할지라도 현실적으로 이를 실행할 힘이 없는 경우 상대적으로 배척된다'는 사실을 알아야 합니다. 기업 간에서도 이런 일은 비일비재하게 발생합니다. 큰 계약을 따기 위해 무리해서 자신이 그 일을 할 수 있다고 거짓말을 하는 것이지요. 그렇지만 결국 능력 이상의 것을 요구 받으며 스트레스가 쌓인 담당자나 기업에게는 그만큼의 반대급부가 생기게 마련입니다. 묵자의 사상은 이런 점에서 우리에게 많은 아쉬움을 남깁니다. 만일 묵가사상이 춘추전국시대의 주류 사상이 되었다면 어떤 일이 벌어졌을까요? 물론 역사는 그렇지 않기 때문에 상상만 할 수 있습니다. 물론 이런 상상은 재미있는 과정이 될 것입니다.

관련 내용을 공부하며 저는 묵자의 사상이 서양의 기독교와 유사하다는 생각을 했습니다. 봉사를 강조하고 겸손하며, 자신의 자리에서 검소한 생활을 하는 가운데 무언가를 이뤄나가고, 또 주변의 이웃들과 상생해야 된다는 점이 매우 인상 깊게 다가옵니다. 다만 조심해야 될 것은 우리가 이런 이상적인 이데올로기 뒤에 숨겨진 기득권층의 의도를 제대로 읽을 수 있어야 된다는 사실입니다. 중세시대의 종교인들은 이런 가치를 앞장세워 하나님을 위해서가 아니라 자신들을 위해 충성하도록 좋은 사상을 악용했습니다. 오늘날에는 그런 일이 발생하지 않기를 바랄 뿐입니다.

오래된 권력은 필연적으로 부패한다

권력은 유익한 가치에서 출발한다

　　　　　　　　무언가를 배우기 위해 가장 먼저 해야 할 일은 바로 그 일을 잘했던 롤 모델의 역사를 살펴보는 일입니다. 사이클을 잘 타기 위해 열심히 연습만 하는 것보다는 사이클 경기의 토대인 '투르 드 프랑스'를 공부하고 익히면 자전거에 대한 생각을 달리하게 되는 것처럼 말이죠. 그런 의미에서 저는 춘추시대의 패자가 되었던 제나라 환공을 보필한 재상 한 사람을 이야기하고자 합니다. 저희가 머릿속에 품어야 할 의문은 '과연 그 재상이 어떤 일을 했는가?', '재상이 왜 이렇게 일할 수밖에 없었는가?' 입니다.

　앞서 말한 재상의 정체는 누구일까요? 그는 우리에게 관포지교(管鮑之交)라는 말로 유명한 관중입니다. 삼국지에서 유명한 인물이자 둘째가라면 서러워 할 제갈공명이 닮고 싶어했던 사람으로, 중국에서는 관중과 제갈공명을 합쳐 중국의 2대 재상이라고 부릅니다. 어떤 이유로 제갈량이 이토록 관중을 존경했던 것일까요? 우리는 그 내용을 그의 언행과 행적이 담긴 책인 관자(管子)에서 찾아볼 수 있습니다.

관자는 총 86편으로 구성되어 있었으나, 10편이 분실되어 현재는 76편만 전해지고 있으며 그 내용은 정치, 법률, 제도, 경제, 군사, 법학, 철학 등 다방면에 걸쳐있습니다. 춘추전국시대의 사상 백과사전이라고 불리기에 손색이 없는 명저이지요. 이 중 제일 우리가 눈여겨 볼 부분은 바로 경제와 정치 부분입니다. 그 이유는 간단합니다. 경제와 정치가 백성들이 풍족한 생활을 누리는데 직접적으로 관련이 있는 부분이기 때문입니다. 관중은 이 점을 가장 중요하게 생각했기 때문에 주군인 제환공에게도 지속적으로 관련 내용을 건의하고 실제 정치에 반영되도록 노력했습니다.

관중의 경제철학은 '치미(侈靡)'로 요약됩니다. 치(侈)란 크게 베푼다는 뜻이고, 미(靡)는 많이 소비한다는 의미입니다. 관자 35편에서 언급하고 있는 내용이며 그 본뜻은 '경기 부양의 물꼬를 트기 위해 소비를 장려한다' 입니다. 제환공의 질문에 관중이 답한 내용을 살펴보면 그 내용을 이해하는데 도움이 될 것입니다. 다음은 관자 치미(侈靡)편에 기록된 내용의 일부입니다.

"음식과 화려한 음악은 백성이 원하는 것입니다. 그들이 하고자 하는 것을 만족시키고 원하는 것을 넉넉하게 하면 그들을 부릴 수 있을 것입니다. (……) 부유한 사람이 충분히 소비하면 가난한 사람은 일자리를 얻게 됩니다. 이것이 백성이 편안한 삶이고 온갖 생업을 진작시켜서 먹고 살게 하니 이것은 백성이 혼자 스스로 노력해서 되는 것이 아니라 군주가 나서서 도와주어야 하는 것입니다."

위의 문구에서 우리가 살펴볼 수 있는 것은 두 가지 입니다. 하나는 부자의 소비량이 많으면 저절로 경제가 돌아간다는 낙수효과 (영어로는 Trickle Down Effect 라고 합니다)를 무려 2000년 전에 미리 예측했다는 것이고, 다른 하나는 백성들이 가장 시급히 해결해야 될 과제를 생존으로 보았다는 점입니다. 이는 마르크스와 엥겔스가 『독일 이데올로기』라는 책에서 언급했던, 역사의 제1 전제와도 관련이 있습니다. 사실 백성이 잘 되어야 나라의 기반을 세울 수 있다는 것은 오늘날에는 상식이지만 신분이 엄격하게 정해져 있었던 당시에는 꽤 파격적인 발상이었습니다. 물론 낙수효과는 요즘 들어 많이 비판 받고 있기는 하지만 이건 일단 논외로 하는 것이 좋겠습니다. 2000년 전에는 이런 문제를 예측하지 못했을 테니까요.

제도의 구조가 지금과는 많이 달랐기 때문에 단순비교는 사실 무리가 있습니다. 중요한 것은 관중이 시대를 앞서서 미래의 경제 트렌드를 예측할 수 있는 지혜가 있었다는 점입니다.

위의 소비구조에서 가장 중요한 것은 백성들의 삶을 풍요롭게 해주어 민심을 얻도록 하는 체계입니다. 관자 목민편에는 백성들이 싫어하는 것을 피하고 원하는 것을 충족시켜주기 위해 필요한 4가지 조건이 기록되어 있습니다. 이는 다음과 같습니다.

* 백성은 근심과 노고를 싫어하므로 군주는 그들을 편안하고 즐겁게 해줘야 한다
* 백성은 가난하고 천한 것을 싫어하므로 군주는 그들을 부유하고 귀하게 해줘야 한다
* 백성은 위험에 빠지는 것을 싫어하므로 군주는 그들을 보호하고 안전하게 해줘야 한다
* 백성은 후사가 끊기는 것을 싫어하므로 군주는 그들이 잘 살도록 해줘야 한다

위의 4가지 문장은 오늘날의 정치에 적용해도 좋을 정도로 깊은 의미를 담고 있습니다. 그렇다면 이를 충족시키기 위해서는 무엇이 더 필요할까요? 국가가 모든 것을 다 해주는 것이 제일 좋지

만 그것보다는 백성들이 스스로 생산하고 소비하며 자립할 수 있는 능력을 키워주는 것이 가장 좋은 방법입니다. 유대인 식으로 말하면 '고기를 주기보다는 고기를 잡는 법을 가르쳐주는 것'이지요. 이에 대한 전략으로 관중은 사농공상의 신분에 따라 거주지를 구분하되 능력이 출중한 사람은 같은 재주가 있는 사람들이 사는 곳으로 근거지를 이동할 수 있도록 하는 시스템을 구축할 것을 제환공에게 권했습니다. 결과는 역사책에서 보는 그대로입니다. 제나라는 발전했고 결국 춘추시대의 패자가 되었지요.

관중이 건의한 이 방안은 같은 고민을 하는 사람들이 모여 더 좋은 가치를 창출할 수 있다는데 큰 의의가 있습니다. 선비들이 모이면 토론을 하면서 학문의 깊이가 더해질 것이고 대장장이들은 자신들의 기술을 겨루며 금속공예기술을 발전시킬 수 있기 때문입니다. 이런 선순환 구조가 자연스럽게 사회 내에 정착될 때 관중은 백성들의 생산과 소비를 증대시킬 수 있고 궁극적으로 국가의 힘이 커질 것이라고 보았습니다. 백성들에게서 나온 힘을 바탕으로 나라를 키워야 된다는 그의 철학이 반영된 결과입니다.

관중이 오늘날까지도 높게 평가 받는 이유는 그의 말이 모두 옳기 때문이 아닙니다. 관중이 오늘날까지 사람들에게 기억되는 이유는 이전까지의 역사와 지식을 바탕으로 새로우면서도 모두에게 유익이 되는 가치를 만들어내고자 노력했기 때문입니다. 우리 역시 마찬가지입니다. 고전의 역사를 기반으로 하여 현대를 살아갈 힘을 얻고 이를 자신의 상황에 적용할 수 있는 사람이 향후 큰 역할을 감당할 수 있습니다. 관자를 읽고 단순히 그의 철학과 치세방법을 익히는 것이 공부의 목적은 아닙니다. 그가 제환공에게 조언하기 위해 했던 고민을 더듬어보고 나라면 어떤 전략을 제시했을지 생각하는 가운데 창의적 사고력이 발달하게 됩니다. 우리가 공부를 하는 궁극적인 목적이 바로 여기에 있습니다.

권력은 어떻게 약해지는가?

우리는 앞서 춘추오패(春秋五覇)라고 불렸던 제나라의 환공과 관중을 살펴보았습니다. 이들의 사례는 많은 사람들이 본받을 만큼 큰 성과를 냈습니다. 그러나 화무십일홍(花無十日紅)이라고 했던가요? 애석하게도 오래된 권력은 필연적으로 부패합니다. 그 이유는 어렵게 만들었던 이상적인 구조가 오랫동안 유지되지 않기 때문입니다. 한 나라의 흥망성쇠를 좌우하는 가장 큰 요소는 개인의 욕심과 파괴되는 법질서입니다. 앞서 말씀드렸던 제나라 역시도 환공과 관중이 세상을 떠난 뒤 국력이 크게 쇠퇴합니다. 환공의 다섯 아들이 군주의 자리를 노리며 싸우는 동안 나라를 제대로 돌보지 못했기 때문이었습니다. 원(元)의 한족 학자인 증선지가 집필한 십팔사략을 살펴보면 그 과정을 다음과 같이 묘사하고 있습니다.

"환공은 본래 호색하여 세 명의 부인 외에도 여섯 명의 후궁을 총애하였다. 환공은 다섯 명의 아들이 있었는데, 관중이 죽자 다섯 공자 모두 자신을 태자로 세워 주기를 환공에게 요구했다. 관중이 세상을 뜬 지 2년 뒤 환공도 죽었다. 환공이 병으로 눕자 5공자는 각각 무리를 만들어 태자가 되려고 경쟁하였다. 환공이 사망하자 태자 자리를 놓고 서로 싸우기에 여념이 없어 궁중이 텅 빌 정도였다. 그래서 환공의 시체를 입관하는 일이 늦어지기까지 했다. 그래서 사체는 무려 67일간이나 침상에 방치되어 시체에서 벌레가 생겨 방문 밖으로까지 기어 나올 정도였다. 이후 제나라는 다시 패자의 자리에 오를 수 없었다."

만약 이 상황에서 형제들이 다투지 않고 나라를 잘 보전했더라면 제나라가 이토록 빠른 속도로 약해지지는 않았을 것입니다. 대개 국가가 오랫동안 존속하려면 이상적인 제도를 잘 지킴과 동시에 권력이 넘어가는 과정에서 잡음을 최소화 시켜야 합니다. 마키아벨리는 국가를 다스릴 권한이 오래 주어질 경우 다음과 같은 병

폐가 발생할 것이라 예상했습니다.

> "대개 지휘권이 연장되면 두 가지 악습이 생긴다. 첫째는 소수의 사람들만이 지휘에 대한 경험을 쌓게 되어 명성이 소수에게만 국한된다는 점이고, 둘째는 한 사람이 오랫동안 한 집단의 대표가 되어 지지를 획득하고, 그리하여 이를 자신의 파벌로 삼게 된다는 점이다. 그 집단은 마침내 본래의 목적을 잊어버리고 그 지휘자를 자신들의 우두머리라고 생각한다."

마지막에 언급된 '본래의 목적을 잊어버린다'를 살펴봅시다. 사람들은 일을 하면서 지닌 바 목적을 기억하지 못하는 경우가 많습니다. 또한 자신이 익힌 지식을 다른 사람들도 알고 있을 것이라 생각합니다. 우리가 알고 있는 개념인 '지식의 저주'가 여기서 시작됩니다. 지식의 저주란 사람이 무언가를 배우면 그 이전 상태에 있었던 자신의 환경과 마음가짐을 기억하지 못하는 상태를 일컫는 말입니다.

이 개념은 스탠퍼드 대학원에 재학 중이던 엘리자베스 뉴턴의 실험에서부터 시작되었습니다. 그녀는 참가자를 두 그룹으로 나눈 뒤 첫 번째 그룹에는 잘 아는 노래 제목을 알려주고 리듬을 테

이블에 두드릴 것을 요청한 뒤, 다른 한 쪽에는 두드리는 소리만 듣고 제목을 맞추도록 했습니다. 리듬을 두드린 첫 번째 그룹은 상대방이 정답을 맞출 확률을 50%라고 예상했지만 실제 결과는 2.5%로 매우 낮게 나타났습니다. 내가 알고 있는 것을 상대방도 당연히 알고 있을 것이라 생각했던 선입견이 이런 결과를 불러일으킨 원인이었습니다.

  그러나 이는 지식에만 적용되는 요소는 아닙니다. 개인의 마음에 자리잡은 무서운 요소가 하나 더 있기 때문입니다. 바로 타성입니다. 굳이 개념화를 시키자면 타성의 저주랄까요? 누군가가 지시한 일만을 반복하는 사람은 시간이 지날수록 스스로 생각할 수 있는 힘을 잃어버립니다. 이 상황이 위험한 이유는 크게 2가지입니다. 첫째는, 가진 능력을 개인이 아닌 다른 사람의 발전을 위해 사용한다는 것이고 둘째는, 자신의 인생을 경영할 원칙을 세우기 어렵다는 점입니다. 이는 나태한 사람에게 나타나는 전형적인 패턴입니다. 그렇기 때문에 우리는 끊임없이 자신을 발전시킬 개인만의 원칙을 세워야 합니다. 간단하면서도 구체적이면 더 좋습니다. 환공과 관중을 살펴봅시다. 그들의 원칙은 간단했습니다. 백성들의 삶을 편안하게 하며 그들이 발전하도록 지원하는 것이었죠. 모든 행동은 이 대전제 하에 계획되었습니다. 사회에서 찾아보기 힘든 뛰어난 개인 역시 같은 원칙을 활용하여 자신의 능력을 발전시켰습니다.

그런데 대개 이런 원칙은 단순하지만 지키기는 어렵습니다. 그 이유는 모든 조건에 공통적으로 존재하는 '꾸준함'이라는 요소 때문입니다. 만약 우리가 특정 지식이나 기술을 10년 동안 꾸준히 익힌다면 명인까지는 아니더라도 삶을 영위할 수준의 전문성을 보유할 수 있습니다. 이 글을 읽고 난 뒤 주변의 사람들에게 '당신이 10년 동안 노력한 분야는 무엇입니까?' 라고 물어보시기 바랍니다. 대답을 듣고 자신의 강점은 무엇인지 생각해봅시다. 만약 없다면 그 분야를 만들기 위해 지금부터 노력해야 합니다. 열정으로 얻은 지식은 그 분야가 어떻든 절대 우리를 배신하지 않습니다. 시간을 갖고 기다리며 인내하는 사람이라면 아마 원하는 목적을 달성할 수 있을 것입니다.

국가의 차원에서도 이 문제는 같은 시선에서 바라볼 수 있습니다. 초기에 건국된 이상적인 국가는 나라를 다스리는데 필요한 중요한 규칙을 잘 실천합니다. 원리원칙이 잘 적용될 때에는 나라가 안정적으로 움직이지만 이 시스템에 사람이 인위적으로 개입하여 바꾸려고 하면 문제가 발생하고 나라가 약해집니다. 특히 윤리적으로 부패한 사람이 리더가 되면 속도는 더욱 빨라집니다. 타인보다는 자신을 더 많이 신경쓰기 때문입니다. 조금 덜 부패한 리더라면 자신 주변의 사람들까지는 챙길지도 모르겠지만 같은 땅에서 사는 대다수의 사람들을 위하지는 않습니다.

　우리는 자신의 삶을 주관하는 지도자의 역할을 수행해야 합니다. 그 과정을 충실하게 수행하려면 많은 요소를 고려해야 합니다. 앞서 논의된 악한 지도자처럼 부패하지는 않았는지, 잘못된 방향으로 내 힘을 사용하고 있지는 않은지 등의 질문을 스스로에게 던져봅시다. 그 과정에서 우리의 삶이 더 나아질 것이라 생각합니다. 성찰이 없으면 발전도 없습니다. 간단하지만 매우 중요한 부분입니다.

능동적인 사람은 많지 않다

 어스름히 비치는 햇살이 스미스 씨의 잠을 깨웠다. 새벽이라 그런지 공기가 차다. 옆에 누워있는 아내와 아이의 모습을 바라보는 그의 얼굴에 미소가 번진다. 하지만 그것도 잠시, 스미스는 오늘 어떤 일을 해야 할지 기억을 더듬기 시작했다. 오늘은 영주의 밭을 일구고 어제 마치지 못한 성벽 보수작업을 해야 한다. 몸이 힘들어 쉬고 싶지만 요즘은 유례없는 흉작이라 그런 생각은 엄두도 못낸다. 지금까지 가족을 잘 보살폈으니 앞으로도 힘을 내야한다고 다짐하며 스미스는 영주의 성으로 발걸음을 옮겼다.

 일터로 가는 길에 제임스를 만났다. 제임스는 나와 마음을 나눌 수 있는 몇 안 되는 친구이다. 그는 만나자마자 어젯밤 영주의 성에서 일어난 사건을 말해주었다. 이웃

영주와의 내기에서 지고 돌아온 영주가 화를 참지 못하고 근처에 있던 하녀와 병사를 심하게 매질했다는 것이다. 채찍으로 2시간 가량을 맞았던 탓인지 두 사람은 지금 생명이 위급한 상태라고 한다. 스미스는 영주의 분노가 잠시나마 다른 곳으로 향했다는 사실에 안도했다. 물론 그 두 사람의 일은 안타깝긴 하지만 자신이 나서서 할 수 있는 일이 딱히 없었기 때문이다. 스미스는 그저 내 주변에서 이런 일이 생기지 않기를 마음속으로 간절히 기도했다.

어제의 일이 전해진 탓인지 도착한 일터의 분위기가 생각보다 어둡다. 사람들은 말없이 자신의 작업도구를 챙긴 뒤 정해진 위치로 이동했다. 스미스와 제임스도 이들을 따라 묵묵히 일하기 시작했다. 오전에 해야 할 작업은 잡초를 뽑고 거름을 주는 것이다. 매일 하는 데도 이 일은 익숙해지지가 않는다. 게으름을 피우면 불호령이 떨어지기 때문에 스미스는 잠시도 쉬지 않고 열심히 몸을 놀렸다.

그런데 점심을 먹고 휴식을 취하던 도중 주변이 어수선해졌다. 영지병들이 일터에 갑자기 들어와 분위기를 무섭게 만들었다. 들리는 이야기에 따르면 오늘 아침에 영주가 칼에 찔려 살해된 채로 발견되었다고 한다. 범인을 찾으려는 병사들의 눈빛이 살벌하다. 스미스는 일을 하면서도 뒤에서 느껴지는 따가운 시선을 모르는 척 흘려야 했다. 사실 따지고 보면 그동안 영주가 주변 사람들에게 한 행동이 좀 과하긴 했다. 그가 지금까지 한 행동을 생각해보면 이 사건은 생각보다 늦게 일어난 편이다. 이미 그는 많은 사람들에게 신망을 잃은 상태였다. 아마 가족조차도 슬퍼하지 않을 것이다. 영주부인이 영주에게 하루가 멀다 하고 주먹으로 맞는다는 사실은 이미 영지 내에서 공공연한 비밀이다.

그럼에도 불구하고 스미스는 마을을 몰래 빠져나갈 엄두가 나지 않았다. 야음을 틈타 도망갔다 적발된 사람들이 어떤 취급을 받았는지 생각났기 때문이다. 마을 한가운데서 처형되는 자신의 모습을 상상하니 소름이 끼친다. 스미스는 떠올린 생각을 잊기 위해 제임스와 이야기를 나누었다. 제임스는 새로 올 영주가 좋은 사람이기를 바랬다. 그는 지금과 같은 상황이 며칠만 더 이어졌어도 자신은 살기 어려워졌을 것이라고 말했다. 사실 스미스씨도 상황은 비슷했다. 지금은 그저 입에 풀칠이나 할 뿐이었다. 만약 신임 영주가 세금을 올리거나 노역기간을 늘리면 아마 그 역시도 어려운 상황에 처할 것이다. 푸념을 하며 어찌어찌 일을 하다 보니 벌써 하루가 지나갔다.

일을 마치고 돌아온 스미스는 그동안 신경쓰지 못했던 자신의 보금자리를 자세히 살펴보았다. 나무 뼈대에 진흙, 마른 풀 그리고 동물의 배설물로 만든 집에서 그동안 참 잘 버텼다는 생각이 들었다. 창에 유리를 끼우는 것은 고사하고 벽에 구멍을 내고 커튼으로 가리는 것이 고작인 이곳에서 겨울의 칼바람과 여름의 찜통더위를 잘 버틴 것을 생각하면 만감이 교차한다. 스미스는 이렇게 열심히 일하는데도 불구하고 왜 삶이 바뀌지 않는 것인지 잠시 고민했다. 성 안에 살고 있는 높은 분들은 일을 열심히 하는 것 같지도 않은데도 매일 맛있는 음식을 먹고 편안한 장소에서 잠을 잔다. 단순히 내가 귀족이 아니기 때문이라는 결론은 너무 억울하다. 허나 내일이라고 해서 그다지 크게 바뀌지는 않을 것 같다. 영주가 죽기는 했지만 어차피 그 자리는 다른 사람으로 금방 채워질테니까 말이다. 스미스는 마음이 불안해졌다. 지금까지 없었던 일들이 한꺼번에 많이 일어난 탓이리라. 스미스는 이런 생각이 내일 아침에는 정리되기를 바라며 자리에 누웠다.

생각해 보면 우리의 삶도 이들과 별반 다르지 않습니다. 아침에 일어나서 필요한 것을 챙긴 뒤 정해진 장소로 이동하여 요청받은 일을 수행합니다. 수백 년이 지났는데도 불구하고 예전과 같은 생활을 영위하는 우리들의 모습이 참 슬픕니다. 그나마 다행스러운 것은 우리가 스미스와는 다르게 스스로 원하는 것을 선택할 수 있다는 점입니다. 학교를 그만둬도, 직장을 옮겨도, 이사를 해도 우리는 예전처럼 벌을 받지 않습니다. 그렇기 때문에 이런 상황에서 우리가 고민해야 할 것은 주어진 자유를 효과적으로 활용하기 위한 방법입니다. 준비되지 않은 자는 자유를 누릴 수 없습니다. 마키아벨리 역시 갑자기 자유가 주어졌을 때 우리가 겪게 될 위험을 경고했습니다. 다음의 문구는 그 사실을 명백하게 드러냅니다.

"타르퀴니우스를 추방한 이후에 자유를 얻은 로마 시민처럼 우연한 사건에 의해 자유를 얻는다 하더라도, 나중에 그 자유를 보존하는데 얼마나 커다란 어려움을 겪는가는 고대사의 숱한 실례들에 의해 충분히 입증된 바 있다. 그러한 어려움은 당연한 것이다. 그러한 시민은 거친 야생의 맹수가 항상 우리에 갇혀 시키는 대로 사육되어 온 것이나 다름없기 때문이다…… (중략) …… 그들은 타인의 명령하에 사는 데 익숙해서 국가로서 어떻게 방어를 하고 공격을 해야 하는지 생각할 줄 모르고 군주를 이해하지도 못하며 그들에 의해 이해되지도 못한다. 그리하여 그들이 바로 조금 전에 벗어 던진 멍에보다 통상 훨씬 더 가혹한 멍에에 순식간에 걸려들게 된다."

마키아벨리는 더 나은 삶을 영위하기 위해 우리에게 필요한 것으로 자율성을 꼽습니다. 애석하게도 우리는, 특히 한국인은 스스로 판단하는 걸 극도로 어려워합니다. 이 현상을 농노인 스미스 씨에게 적용해봅시다. 만약 그가 걱정했던 대로 다음 해에 세금이 두 배로 오른다면 어떻게 될까요? 몸을 써서 물리적으로 일할 수 있는 시간은 한계가 있습니다. 살고 있는 곳을 옮기기도 어렵죠. 그러나 이와 같은 규칙을 정한 사람들(귀족)이 받는 혜택은 커집니다. 별로 노력하지 않아도 말입니다. 단지 작은 물줄기를 바꾸기만 하면 그만입니다.

이런 상황에서 스미스 씨가 인생을 변화시키려면 자신이 무엇을 원하는지 정확하게 알고, 이를 지킬 힘을 길러야 합니다. 사실 그가 처음부터 모두에게 적용할 수 있는 규칙을 만들 수는 없습니다. 약자이기 때문입니다. 가만히 있는 사람에게 갑자기 큰 힘이 생기는 경우는 극히 드뭅니다. 변화하지 않으면 내가 가진 힘은 반드시 약해집니다. 변화는 모두 '자기주도성'을 전제로 합니다. 오늘날 세상이 우리에게 요구하는 것은 '변화'입니다. 아무리 똑똑한 사람일지라도 예전에 배웠던 지식만으로는 세상에서 살 수 없습니다. 만일 그가 주도적으로 무언가를 배우지 않으면 문제해결은 커녕 지금 하고 있는 일에서도 뒤처질 것입니다. 비록 스미스 씨가 육체적인 힘은 영주보다 뛰어났을지 몰라도 생각하는 능력에 있어서는 절대적인 약자입니다. 그가 자유를 쟁취하려면 앞으로 수많은 어려움을 해결해야 합니다.

그런데 재미있는 사실은 누군가가 적극적으로 움직여 자유를 쟁취했을 때 주변의 반응이 부정적이라는 점입니다. 그가 자유를 얻기 전까지 혜택을 누리던 모든 사람들이 갑자기 그의 적으로 돌변합니다. 같은 처지에 있던 사람들도 마찬가지입니다. 자신보다 잘 살고 있다는 상대적 박탈감이 생긴 탓입니다. 당연히 내 편은 상대적으로 적어지고 내가 하는 일에 관심도 없습니다. 그렇기 때문에 내 안의 자율성을 지키는 건 생각보다 어렵습니다. 마키아벨리 역시 이 의견에 동조합니다.

> "자유를 얻은 국가에는 또 다른 어려움이 부가된다. 그 것은 다름 아니라 새롭게 자유를 얻은 국가는 열렬한 적

은 있지만 열렬한 동맹은 없다는 점이다. 군주의 재부로부터 양분을 빨아먹음으로써 혜택을 누리던 모든 이들은 열렬한 적이 된다. 그들은 이득을 얻을 가능성을 빼앗겼을 때 도저히 만족해서 살 수 없고, 모두 자신들의 관점을 되찾기 위해 참주정으로 되돌아가려고 온갖 노력을 다하게 된다."

이렇게 말하지 않아도 사람들은 주도적인 자세가 삶을 바꾸는 데 중요하다는 것을 잘 알고 있습니다. 문제는 어떻게 해야 그 목적을 달성할 수 있을지 모른다는 것이죠. 이와 관련된 마키아벨리의 의견을 한 번 들어봅시다.

"자유에 의해 통치하든 군주제를 통해 통치하든 다중을 다스리고자 하면서도 새로운 정부의 적에 대해 단단한 대비책을 세워놓지 않는 자는 단명에 그칠 국가를 수립한 셈이나 다름없다."

의외로 마키아벨리가 강조하는 것은 '단단한 대비책'입니다. 그 이유는 사람들이 능동적인 것을 급격한 변화로 착각하는 경우가 많기 때문입니다. 능동적인 태도가 좋다는 것 하나만으로 나에게 있는 것을 쉽게 포기하면 안 됩니다. 항상 첫 시작은 작게 가야 합니다. 내가 쌓은 것을 유지한 상태에서 시너지를 낼 수 있는 방법을 하나씩 찾는 것이 오히려 마키아벨리가 말하는 자율성에 가깝습니다. 이를 도표로 그려보면 다음과 같습니다.

변화의 활로 모색	현상태를 유지하며 새로운 것을 시도	시도한 것의 안정화 & 새로운 활로 모색

위의 도표에서 가장 중요한 것은 '현재상태를 유지하는 일'입니다. 변화를 시도하는 초기에는 그 힘이 약합니다. 만약 이런 상황에서 누군가에게 발견될 경우 변화를 시도한 사람은 지극히 불리한 상황에 놓입니다. 비밀을 알아챈 사람은 그가 목적을 달성할 수 없도록 방해하거나 다른 사람에게 알립니다. 혹 그렇게 하지 않더라도 당사자의 마음 한 켠에는 불안감이 쌓입니다. 변화와 새로운 시도는 강력한 힘을 갖추기 위해 꼭 필요한 과정이지만 시작할 때는 이와 같은 어려움이 있습니다.

그렇기 때문에 우리가 무언가를 새로 시도할 경우 가급적이면 처음에는 이를 숨기는 것이 좋습니다. 그러나 시간이 흘러 내가 새롭게 시도한 것으로 상황을 바꿀 수 있다는 자신감이 생기면 그 때는 이를 당당하게 드러내도 큰 문제가 생기지 않습니다. 이렇게 만든 능력은 내 영향력을 확장시키는데도 활용할 수 있고 판을 새로

짜는데도 도움이 됩니다. 아무것도 하지 않는 나에게 도움을 줄 사람은 없습니다. 스스로 미래를 개척하고 나아가야만 합니다. 자율성을 기반으로 능력을 갖추고 새로운 것을 배우며 능력을 쌓아나갑시다. 어두운 인생의 터널에서 빠져나올 수 있는 유일한 방법은 내 안에 이미 담겨있습니다.

좋은 제도와 나쁜 제도는 무엇이 다른가?

요리사가 음식을 할 때 빼놓지 않는 재료가 있습니다. 바로 소금입니다. 겉으로 볼 때는 하얗고 별 볼일 없는 가루지만 사실 소금이 없으면 제대로 된 요리는 불가능합니다. 삼계탕이나 생선구이, 고기 바베큐에 소금이 없다고 가정해봅시다. 아마 대부분의 사람들은 그 음식을 소금을 뿌려 요리했을 때보다 맛있게 먹을 수 없을 것입니다.

허나 좋다고 해서 너무 많이 쓰는 것은 금물입니다. 아무리 소금이 좋은 조미료라 할지라도 무분별하게 계속 사용하게 되면 음식의 맛은 나빠집니다. 그럼에도 불구하고 주변을 살펴보면 소금이나 비슷한 역할을 하는 조미료를 필요 이상으로 과도하게 사용하는 사례가 많습니다. 그 이유는 크게 두 가지 입니다. 첫째, 아무리 건강한 음식이라 할지라도 간이 싱거우면 손님이 찾지 않기 때문이고, 둘째, 식당에서 오랫동안 소금을 사용하며 입맛을 길들인 결과 사람들이 짠맛에 둔감해진 탓입니다. 이유야 어쨌든 소금은 요리사에게는 꼭 필요한 좋은 재료입니다.

우리는 소금을 어떻게 쓰는지 고민하는 요리사처럼 우리의 자원을 효과적으로 활용할 수 있는 방안을 끊임없이 연구해야 합니다. 이는 단순히 요리에만 해당되는 사항이 아닙니다. 우리 주변에서 볼 수 있는 모든 것들은 앞서 언급된 소금처럼 장점과 단점을 동시에 지니고 있습니다. 좋은 것인데도 너무 과도하게 사용하여 사람들에게 안좋게 보이기도 하고, 나쁘지만 사람들의 눈에 띄지 않은 탓에 좋은 것이라 인식되는 경우도 있죠.

이런 상황에서 우리에게 중요한 것은 '삶에 영향을 미치는 습관과 제도의 장단점을 분석하는 일'입니다. 우리는 살면서 다양한 체험을 합니다. 재미있는 사실은 사람들이 똑같은 경험을 하면서도 서로 느끼는 바가 다르다는 점입니다. 관점의 차이로 인해 벌어지는 현상입니다. 또한 사람들에게 주어진 재능도 이런 차이를 만드는 원인이 됩니다.

마키아벨리는 이와 비슷한 이야기를 정부형태의 사례를 들어 전개합니다. 아무리 좋은 제도라도 나쁜 방향으로 선회할 수 있다는 내용을 주장한 것이죠.

"좋은 정부의 각각은 그것과 연관된 것(나쁜 정부 형태)

과 너무 유사해서 한 형태에서 다른 형태로 쉽게 변형된다. 곧 군주정은 참주정으로 쉽게 변하고, 귀족정에서 과두정으로의 이행은 손쉬우며, 민주정은 어렵지 않게 무정부상태로 변질된다. 그러므로 공동체를 조직하는 자가 처음의 세 가지 형태 중 어느 하나를 세운다면 그는 단지 일시적으로 지속되는데 불과한 정부 형태를 세우는 셈이 된다. 왜냐하면 그 경우에 덕이 악덕과 공존하기 때문에 어떤 대비책을 세워도 좋은 정부 형태가 그 반대 형태로 변형되는 것을 도저히 막을 수 없기 때문이다."

사실 사람들이 정한 규칙이나 제도가 모두 나쁜 것은 아닙니다. 그럼에도 불구하고 이런 일이 발생하는 데는 우리가 알지 못하는 이유가 있습니다. 마키아벨리는 그 근거로 다음의 내용을 언급합니다.

"선출이 아니라 세습에 의한 군주정이 세워지게 되었을 때, 상속자들은 조상과 달리 쉽사리 타락하게 되었고, 군주는 유덕한 행동을 소홀히 한 채 누구 못지않게 사치와 색욕 등 온갖 종류의 방탕에 탐닉한 나머지 그 밖에는 아무런 할 일이 없다고 생각하게 되었다. 그 결과 군주는 미움을 사게 되었고, 그러한 미움을 두려워하고 겁에 질려 당장 폭력에 의존하게 되었으며 그 즉각적인 결과가 참주정치였다."

우리는 위의 문구에서 나온 리더가 쉽게 타락한 이유를 깊이 생각해보아야 합니다. 예시에 나온 리더가 폭군이 된 가장 큰 이유는 그를 견제할 마땅한 장치가 없었기 때문입니다. 만약 그가 방탕한 모습을 보였을 때 충고해주는 사람이 있었다면 어떤 일이 벌어졌을까요? 만약 그(충고해주는 사람)가 자신의 목숨을 지킬 수 있는 강력한 힘이 있다면, 군주가 계속해서 방탕한 생활을 영위할 수는 없습니다. 그러나 군주가 주변의 말을 무시할 수 있는 무소불위의 권력을 갖고 있는 상황이라면 충고를 듣지 않을 것입니다. 오히려 귀찮다고 그를 죽일 수도 있죠. 그렇기 때문에 아무리 좋은 제도도 사람의 도움 없이는 제대로 기능하기 어렵습니다.

그러나 이 사실을 좋은 제도가 필요없다는 의미로 오해해서는 곤란합니다. 사회가 이상적으로 기능하려면 좋은 제도는 반드시 필요합니다. 좋은 제도의 조건은 간단합니다. 누군가에게 피해를 주지 않는 범위 내에서 최대한 많은 사람들에게 유익한 혜택을 주는 것입니다. 만약 이 과정 내에서 자신의 이익만을 탐하면 시스템은 그 즉시 무너집니다. 그러므로 결국 제도의 좋고 나쁨은 사람들이 결정하는 것입니다. 아무리 좋은 제도라도 사람들이 좋다고 느끼지 않으면 그 제도는 좋다고 볼 수 없습니다.

그러나 역설적으로 이 부분은 제도가 나빠지는 원인이 되기도 합니다. 많은 사람들에게 이익을 주면서도 공정한 제도를 만드는 일은 매우 어렵습니다. 제도는 개인의 욕심으로 인해 망가집니다. 사람들은 자신에게 유리한 제도를 만들기 위해 무섭도록 잔인해집니다. 사상을 탄압하기 위해 진시황이 실시했던 분서갱유(焚書坑儒)가 대표적입니다. 그는 자신의 생각이 상대방의 의견과 다르다는 이유 하나만으로 이전에 기록된 수많은 책들을 불태우고, 사람을 산 채로 파묻었습니다. 현대라면 있을 수 없는 끔찍한 일입니다.

이렇게 망가진 제도는 시간이 지나면서 개인의 욕심을 넘어 특정 집단의 이익을 대변하는 기준으로 자리잡습니다. 이 상황에서 제도는 만인을 대변하는 가치를 창출하지 못합니다. 겉으로는 모든 사람들의 어려움을 해결해 줄 것처럼 보이지만 일단 사건이 발생하면 법은 강자의 편에 섭니다. 제도를 만드는 사람이 강자이기 때문에 자신들에게 유리하게 제도를 뜯어고친 탓입니다. 제도를 만들 때는 다양한 사람들의 의견을 반영하여 모두에게 도움이 되는 방식을 사용해야 하지만 실제적으로 이런 내용이 반영되기는 어렵습니다.

그렇기 때문에 성공하는 사람들은 내가 바꿀 수 없는 주변의 상황보다 자신 안에 숨겨진 가치에 집중합니다. 이런 자세는 매우 현명합니다. 스스로가 노력해서 인정받은 가치가 훨씬 귀하기 때문입니다. 바뀔 수 없는 것과 씨름한다고 해서 내 인생이 나아지지는 않습니다. 인생을 바꾸는 가장 좋은 방법은 효율적인 것에 집중하는 것입니다. 같은 값이면 다홍치마라는 말처럼 기왕이면 동일한 노력으로 더 나은 성과를 내는 것이 좋습니다. 일을 할 때 우리가 가장 먼저 생각해야 할 부분입니다.

  물론 세상을 바꾸려 노력하는 일이 의미없는 것은 아닙니다. 그 일을 폄훼하고 싶은 마음도 전혀 없습니다. 다만 이 점은 생각해보았으면 합니다. 아무 능력도 없는 초등학생이 세상을 바꾸려 노력하는 것보다는 사회적인 인지도와 권력을 갖춘 사람이 힘을 썼을 때 효과가 더 좋습니다. 앞서 말했던 같은 노력을 들이고도 다른 결과를 맞이하는 상황이죠. 만약 세상을 바꿔야 하는 사명이 나에게 주어진다면 가장 먼저 저는 나 자신을 바꾸도록 노력할 것입니다. 조금이라도 가능성을 높이려면 이 방법이 최선입니다.

  또한 이 과정만큼 중요한 것이 하나 더 있습니다. 초심을 끝까지 유지하는 것입니다. 연예인이 유명해졌을 때 초심을 잃고 거만해지거나 말을 함부로 하면 그 인기는 금방 사그러듭니다. 사회적으로 성공한 사람들이 자신의 저열한 마음을 내비쳤을 때 혹은 그것이 외부에 드러났을 때에도 마찬가지입니다. 가장 좋은 방법은 이런 속내를 표현하지 않는 것인데, 이런 생각을 품고 있으면서도 자신의 생각을 바깥에 드러나지 않기란 쉽지 않습니다. 그렇기 때문에 이런 걱정을 하고 살지 않으려면 초심을 유지하는 것이 가장 좋습니다.

만약 제도를 정하는 사람이 도덕적으로 흠결이 없다면 제도를 따르는 편이 좋습니다. 하지만 모든 사람들이 선한 건 아니기 때문에 우리는 외부의 요인보다는 자신에게 집중하는 전략을 선택해야 합니다. 그 가운데 나에게 유익한 제도나 수단이 있다면 모두 활용합시다. 주체적으로 생각하며 스스로를 바꾸는 활동은 어떤 방식이든 나에게 도움이 됩니다.

토론 수업 2

강자의 프레임, 약자의 프레임

분란을 일으키는 사람들은 누구인가?

　　　　　　　역사는 다른 생각을 하고 있는 여러 사람들이 어떻게 그 문제를 해결하는지를 보여주는 소중한 자료입니다. 그렇기 때문에 우리는 이를 어떤 방식으로 활용해야 할지 다방면으로 고민해야 합니다. 역사를 살펴볼 때 가장 중요한 점은 '역사 속의 인물들이 어떤 생각을 하며 그 시대를 살았을지 떠올려 보는 것'입니다. 사실 생각은 우리 눈에 보이지 않는 추상적인 개념입니다. 글을 읽으며 습득한 기초적인 정보에는 한계가 있습니다. 중요한 것은 익힌 지식을 어떤 방식으로 해석하느냐 입니다.

　문제는 지식이나 생각이 눈에 보이지 않는다는 사실 때문에 같은 내용을 보더라도 사람들이 인식하는 범위가 달라진다는 점입니다. 이해하는 바가 다른 관계로 그들 간에 의견이 일치되기도 힘듭니다. 이런 갈등은 거의 대부분 '분란'이라는 형태로 나타납니다. 물론 분란을 일으키지 않고 갈등이 자연스럽게 봉합되는 경우도 있지만 그 수는 매우 적죠. 믿기 힘들면 학교 역사교과서를 펼쳐봅시다. 선사시대의 부족간 싸움부터 시작하여 왕위 쟁탈전, 국가간의 전쟁 등 이를 증명하는 사례는 아주 많습니다.

사람들이 분란을 일으키는 목적은 무엇일까요? 원인은 자신의 영향력을 더 넓히길 원하는 욕심 때문입니다. 발현되는 방식이 다르긴 하지만 기본적으로 그 속성은 같습니다. 고대의 지도자들은 자신이 다스리는 땅을 더 넓히고 싶어 했습니다. 마찬가지로 회사의 팀장은 빨리 승진해서 더 많은 사람들에게 자신의 명령을 전달할 수 있는 위치에 오르길 원합니다. 이는 모두 자신이 능동적으로 움직일 수 있는 환경을 만들기 위함입니다. 주도적인 환경은 생존을 위해 매우 중요하게 생각해야 할 요소입니다. 그 이유는 주도적인 환경이 사람의 역량을 최대한으로 발휘할 수 있도록 도와주고 다른 사람들이 생각하고 판단하는 방식에 영향을 줄 수 있기 때문입니다.

사실 사람들의 상상속에 있는 무언가(개념이나 관습 등)를 바꾸려면 다양한 요소를 활용해야 합니다. 목적을 달성할 수 있는 방법은 많습니다. 예를 들어 군대에서는 상명하복이라는 원칙하에 지휘관의 명령을 일사분란하게 따르도록 병사를 교육시킵니다. 반면에 창의력을 중요하게 생각하는 회사에서는 직원들이 아이디어를 자유롭게 낼 수 있도록 돕죠. 방법은 다르지만 목적은 모두 '사람들의 생각'을 활용하는 것입니다. 전자는 생각의 통로를 최대한으로 없애며 효율을 높이는 방법이고, 후자는 시너지 효과를 통한 융합적 사고를 목표로 합니다. 이 과정은 어떤 방식으로든 대립과 분란을 불러일으킵니다.

그렇다면 분란은 어떻게 일어나는 것일까요? 또한 우리가 이 원리를 이해함으로 얻을 수 있는 것은 무엇일까요? 우리는 이 질문에 답을 하며 '사람들의 생각이 움직이는 방향성'과 '이런 성향을 자신에게 유리하도록 적용하는 전략'을 연구할 수 있습니다. 먼저 처음으로 살펴봐야 할 것은 분란이 일어나는 일련의 과정입니다. 대개 분란은 다음과 같은 과정을 통해 발생하고 사라집니다.

* 누군가가 자신의 마음속에 있는 욕심을 채우고 싶다고 결심한다.
* 자신의 목적과 생각이 일치하는 사람들을 모으고 전략을 기획한 뒤 이를 실행한다.
* 자신과 반대입장에 있는 사람들을 다양한 방법으로 공격하고 승리한다.
* 자신의 입장을 공고히 하기 위해 불리한 내용을 없애고 체제를 확고하게 만든다.

위의 4개 단계를 성공적으로 마치기 위해 가장 중요한 부분은 목표를 이루기 위해 모인 사람들의 생각을 하나로 모으는 2번째 과정입니다. 아이디어를 도출하는 상황에서는 서로 다른 의견을 제시하는 것이 옳지만 어떠한 일을 실행하고 성과를 빠른 시간에 도출하려면 의견을 하나로 모으는 것이 훨씬 더 효율적입니다.

그런데 재미있는 사실이 하나 있습니다. 사람들이 많아질수록 생각을 하나로 모으기가 어렵다는 점입니다. 생각이 다를 경우 일반적으로 사람들이 할 수 있는 선택은 자신의 생각을 정확하게 상대방이 이해할 수 있도록 깊은 대화를 나누거나 글로 정리하여 전달하는 것입니다. 생각을 나누어야 할 사람이 한 명일 때는 큰 문제가 되지 않지만 사람이 많아지면 당연히 이 문제는 전체가 생각해야 할 심각한 과제가 됩니다. 우리가 여기서 중요하게 생각해야 할 사실은 '사람의 마음을 움직이기 위해 노력하는 사람들은 거의 대부분 권력을 가진 사람들이라는 점'입니다. 약자들 역시도 비슷한 시도를 하지만 그들의 성공률은 그다지 높지 않습니다. 이에 대한 마키아벨리의 의견은 다음과 같습니다.

> "분란은 대부분 이미 가진 자에 의해 초래된다. 무언가 잃을 것 같다는 그들의 두려움은 무언가 얻고자 하는 자들과 마찬가지로 동일한 욕망을 불러일으키고, 또 일반적으로 사람은 새로운 것을 추가하지 않으면 그가 가진 것도 확실히 지키지 못한다고 믿기 때문이다. 게다가 이

점, 곧 그들은 많은 것을 가지고 있기 때문에, 반란을 일으킴에 있어 보다 많은 힘과 세력을 동원할 수 있다는 점을 고려해야 한다. 이밖에도 가진 자들의 무절제하고 야심만만한 처신은 가지지 못한 자들의 마음에 소유에 대한 욕망을 불러일으킨다. 그들은 부자를 약탈함으로써 그들에게 복수하거나 또는 심하게 남용되어온 부나 명예를 스스로 차지하기를 원하기 때문이다."

그의 의견을 보여주는 사례는 생각보다 많습니다. 1862년 발생한 진주농민항쟁을 예로 들어봅시다. 이 사건은 경상도우병사로 부임했던 백낙신의 폭정 때문에 발생했습니다. 그가 이치에 맞지 않는 이유로 각종 세금을 매기며 난민들에게 패악을 저지른 것입니다. 이에 대한 상소를 수차례 올려도 조정에서 응답이 없자, 결국 지역 내의 몰락양반 출신들은 자신들의 의견을 관철시키기 위한 무력봉기를 일으켰습니다. 그러나 애석하게도 이들이 주도한 봉기는 관군에 의해 곧 제압되었고 지방의 향리들은 주모자들을 처형하고 효시했습니다. 비록 이 사건이 다양한 곳에서 봉기가 일어나도록 하는 결정적인 계기가 되었긴 하지만, 처음으로 봉기를 주도했던 사람들은 자신의 목적을 달성하지 못하고 죽음을 맞이했습니다.

반면에 권력을 지닌 사람들의 상황은 이들과 많이 다릅니다. 그들은 자신이 가진 힘을 최대한 집중하여 단기간에 원하는 결과를 비교적 무난하게 만들어내는 편입니다. 이런 차이가 발생한 근본적인 이유는 무엇일까요? 약자에게 힘이 없기 때문입니다. 강자들의 분란은 성공 가능성이 높습니다. 그 이유는 권력이 있는 사람들에게 국가를 구성하는 틀을 직접적으로 바꿀 수 있는 힘과 실행력이 있기 때문입니다. 그러나 약자들은 똑같은 결과를 만들어내려면 매우 힘들게 투쟁해야 합니다. 오늘날 벌어지는 일들과 비교해봐도 이 사실은 명백하게 드러납니다. 국회에서 권력자들에 의해 법이 통과되면 우리의 생활은 아주 빠른 속도로 바뀝니다. 그러나 억울한 일을 당한 사람이 국회의사당 앞에서 아무리 피켓을 들고 시위를 해도 그들의 목소리를 기억하는 사람은 거의 없습니다.

그러므로 분란을 성공적으로 이끌려면 개인에게 능력이 있어야 한다는 결론이 나옵니다. 하지만 세상에 능력있는 사람들의 수가 얼마나 될까요? 거의 대부분은 평범한 재능을 활용하며 자신에게 주어진 인생을 살아갑니다. 다른 사람들의 생각을 비판없이 받아들이고, 힘 있는 사람들이 원하는 대로 움직이죠.

우리는 주변에서 일어나는 일에 관심을 기울이며 이 사건이 내 인생에 어떤 영향을 미칠 수 있을지를 항상 고민해야 합니다. 물론 그 고민이 좋은 결과로 나타나지 않을지도 모릅니다. 하지만 이런 과정을 겪으며 우리의 생각하는 능력은 급속도로 발전합니다. 새로운 것을 생각하는 힘은 오늘날 우리에게 반드시 필요한 핵심역량입니다.

다만 여기서 조심해야 할 것이 하나 있습니다. 저는 이 글을 읽는 여러분들이 생각의 파도에 휩쓸려 본질을 놓치는 실수를 하지 않길 원합니다. 장이 좋은 맛을 내려면 오랜기간 숙성의 시기를 거쳐야 합니다. 마찬가지로 우리 역시도 단순히 주변의 생각을 받아들이는데 그치는 것보다는 이를 자신의 것으로 받아들이기 위해 시간을 두고 깊이 고민해야 합니다.

분란에 대해 생각하는 바는 사람마다 다르지만, 저는 분란이 기본적으로 자신의 가치관을 다른 사람들에게 전달하는 방법 중 하나라고 생각합니다. 우리는 알게 모르게 이런 상황에 무방비로 노출되어 있습니다. 예전에는 이 목적을 달성하려면 음모나 전쟁이라는 수단을 활용해야 했습니다. 그러나 오늘날은 다릅니다. 미디어, 인터넷 등의 매체는 우리의 생각을 매우 은밀하게 바꿀 수 있는 위험한 수단입니다. 조금만 방심하면 이런 매체들은 사람들 사이에서 활개치며 자신의 영향력을 행사합니다.

우리는 어떤 방식으로든 생각하는 바를 다른 사람들에게 전달하며 그들을 긍정적인 방향으로 변화시키기 위해 노력해야 합니다. 그 과정에서 분란은 필연적으로 발생할 것입니다. 허나 대립을 두려워하며 자신을 숨기지는 않았으면 합니다.

  우리가 이전보다 발전하려면 '새로운 것'을 자주 접하고 이를 내가 가진 능력에 적용하며 기존의 생활방식을 바꾸어야 합니다. 지금까지 해온 것만 고집한다면 변화는 절대 내게 다가오지 않습니다. 리처드 도킨스가 이기적 유전자에서 강조했던 개념인 밈(Mime)을 생각해봅시다. 밈의 가장 큰 특징은 주변의 문화현상을 받아들여 새로운 개념을 창조한다는 것입니다. 문화현상만 그런 것은 아닙니다. 누군가가 세운 작은 법칙이 인생을 바꾸는 척도가 된 사례를 우리는 수도 없이 확인했습니다. 또한 이 법칙을 실천했던 이들이 주변에 영향을 미치며 세상을 바꾸는 인물이 되었다는 점 역시도 잊으면 안 됩니다.

외부의 요인이 운명을 결정하지 않는다

내 목표는 스스로 정한 것인가?

우리의 운명을 결정하는 요인은 무엇일까요? 사람들의 의견은 모두 다릅니다. 혹자는 운명이 외부의 요인이기 때문에 어쩔 수 없다는 말을 하지만, 반대의 의견을 펼치는 사람도 있습니다. 대개 운명을 외부의 요인이라 말하는 사람들이 가장 많이 활용하는 사례는 자연재해입니다. 태풍, 가뭄, 홍수 등의 재앙은 사람의 힘으로 어쩔 수 없는 큰 사건이기 때문에 이들의 말은 일리가 있습니다. 다른 사람들 역시도 운명은 우리에게 주어진 것이기 때문에 바꿀 수 없다고 생각하는 경우가 대다수입니다.

그러나 역사를 잘 살펴보면 자연재해를 활용하여 운명을 바꾼 사례가 여러 차례 발견됩니다. 적벽대전 당시의 제갈량이 그 중 하나입니다. 수적 열세로 위기에 몰린 연합군의 책사였던 제갈량은 장수인 주유에게 "동짓날(음력 11월 20일)부터 3일 동안 거센 남동풍을 빌려 오겠다"며 그때까지 기다리자고 제안했습니다. 남동풍을 이용해 조조의 대군을 화공으로 물리치겠다는 의도였습니다. 이후 3일을 기다린 결과 제갈량의 예상대로 전장에 남동풍이 불었습니다. 연합군은 이 상황을 활용하여 조조의 대군을 불화살을 활용하여 섬멸했습니다. 끊임없이 사색하며 공부한 지식을 통해 자연현상까지도 자신의 뜻대로 할 수 있었던 그의 능력 덕분이 아닌가 생각합니다.

반면에 그렇지 못했던 적도 있습니다. 2008년도에 전 세계를 뒤흔든 금융위기인 '서브프라임 모기지'가 대표적입니다. 이 사태로 인해 전 세계의 경제가 위기에 빠졌었죠. 다행히 대공황 때의 학습 효과가 있었던 탓인지 비교적(?) 빠른 시간 안에 수습되긴 했지만 그럼에도 불구하고 서브프라임 모기지는 전 세계의 사람들에게 큰 상처를 남겼습니다.

이 사건이 어떻게 발생했는지를 이해하려면 먼저 몇 가지 개념을 이해해야 합니다. 부채담보부 증권(CDO), 미국 내 대출 등급 등이 바로 그것인데요. CDO는 간단히 말해 여러 사람들의 담보대출(이 경우엔 주택담보)을 모아서 만든 증권입니다. 예를 들어 A가 대출을 받아 집을 사고 빚을 일부 상환하면 은행은 이를 이자와 함께 투자자인 B에게 돌려주는 시스템인 것이죠. 이 상품에서 핵심은 대출금을 갚는 A였기 때문에 은행은 우등 고객인 프라임 등급에만 대출을 해주었습니다. 이들은 대출금을 밀리지 않고 잘 갚았기 때문에 이 시스템은 위험은 낮고 수익은 높은 우량 증권이었습니다. 이를 그림으로 간단하게 표현하면 다음과 같습니다.

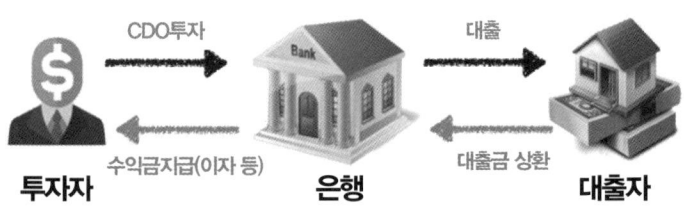

그런데 시간이 지날수록 이 상품을 아는 사람이 늘어났습니다. 당연한 결과입니다. 위험이 적고 수익을 많이 올릴 수 있는 것이라면 누구나 욕심을 부릴 수밖에 없죠. 우리가 이자를 많이 주는 예금이나 적금을 찾는 것과 같은 이치라고 보면 될 것 같습니다. 문제는 이 상품의 투자자는 늘어나는데 대출을 받은 사람들의 수는 늘어나지 않았다는 점이었습니다. 투자자인 B가 수익을 얻으려면 A처럼 대출을 받은 사람들이 많아야 했습니다. 그렇지 않으면 현금 흐름에 큰 문제가 생기기 때문에 은행은 열심히 고민했고 대출 등급을 하향 조정하기로 결정합니다. 은행은 수입이나 자산이 없는 서브 프라임 등급에도 대출 허가를 내주기로 결정했습니다. 돈을 못 갚을 시에는 그들이 산 집을 회수한다는 조건을 덧붙여서 말입니다. 집값이 계속 오르던 시절이었기 때문에 은행은 이 조치가 위험하지 않다고 판단했습니다(참고로 이렇게 하다 망한 곳은 많습니다. 일본의 잃어버린 10년, 아이슬란드의 국가위기 등)

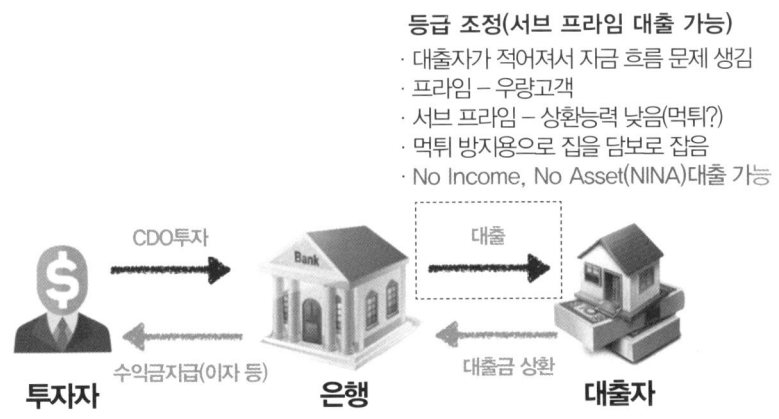

현금확보에 정신이 없었던 탓인지 이 시기에 대출 승인은 매우 쉬웠습니다. 이 사례를 증명하는 것이 오하이오 주에서 승인된 23명의 대출입니다. 문제는 그들이 죽은 사람들이었다는 점입니다. 살아있는 이들이 죽은 사람의 명의를 도용한 것인데 은행에서는 서류를 체크조차 하지 않았기 때문에 이런 사태가 발생할 수 있었습니다. 우여곡절 끝에 은행은 대출을 확대함으로써 CDO를 운영할 자금을 확보했습니다. 자신들이 생각했던 대로 돈을 굴릴 수 있게 되었다는 사실에 금융권에 종사하는 사람들은 마음을 놓았습니다. 실제로 얼마 동안은 큰 사건이 발생하지 않았죠.

그런데 시간이 지나면서 문제가 터지기 시작했습니다. 주택담보대출금을 갚지 못하는 사람들이 늘어난 것입니다. 이들 중 대부분은 앞에서 말한 서브프라임 계층이었습니다. 그들은 상환능력이 없었기 때문에 집을 팔아 대출금을 갚으려 했습니다. 문제는 이런 상품이 부동산 시장에 한꺼번에 나오다 보니 그들이 내놓은 집의 가격이 터무니없이 낮아졌다는 점이었습니다. 집의 가격은 계속 낮아지다 결국 그들이 가진 빚보다 적은 액수가 되었습니다. 집을 팔아도 돈을 다 못갚는 사태가 벌어진 것입니다. 결국 그들은 디폴트를 선언했고 이를 감당하지 못한 은행이 함께 파산하면서 (리먼 브라더스를 시작으로) 그 유명한 국제금융위기가 시작되었습니다.

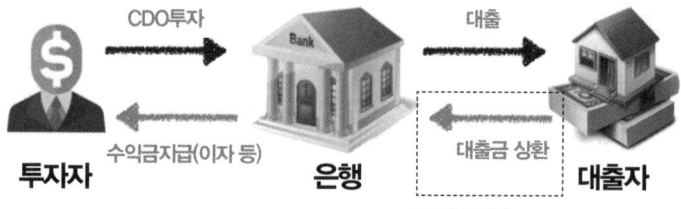

문제 발생
· 대출금을 갚지 못하는 고객 증가
　(서브프라임 계층)
· 빚을 갚지 못하자 집을 매물로 내놓음
· 이런 사람이 많아지자 집 가격이 폭락함
　(부동산 거품이 꺼졌다는 해석도 있음)

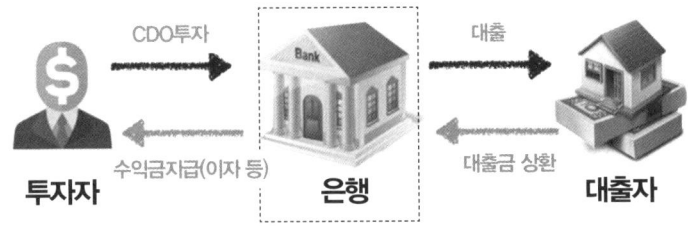

은행의 딜레마
· 담보로 잡은 집을 팔아도 대출자가 갚아야
  할 금액을 채우지 못하는 현상 발생
· 이로 인해 은행의 손해가 누적됨
· 2008년 리먼 브라더스를 시작으로 은행 도산
· '서브 프라임 모기지'-금융위기 시작

 이 사례를 본 사람들의 의견은 다양했습니다. '사람들의 탐욕이 부른 참사', '미리 예방할 수 있었던 인재', '정확하게 이해하지도 못하는 상품을 통해 수많은 피해자를 양산한 사건' 등의 이야기가 언급되었죠. 저는 이 중 두 번째로 기록한 '미리 예방할 수 있었던 인재'라는 표현에 시선이 갑니다. 만약, 이 때 대출을 받은 사람들이 집을 구하려는 욕심이 그리 크지 않았다면 상황은 어떻게 달라졌을까요? 대출자를 찾지 못한 은행이 스스로 상품을 내렸다면 이 위기는 발생하지 않았을까요? 이에 대한 답을 찾는 것도 중요하지만 오히려 이 사례를 통해 하지 말아야 할 행동을 배우고 흔들리지 않도록 자신을 수련하는 편이 훨씬 생산적인 전략입니다.

 대개 외부의 요인이 누군가의 운명을 결정하는 경우를 살펴보면, 이 때 사람들의 목표는 자신이 아니라 다른 사람을 대상으로 설정되어 있습니다. 이 때 그들이 중요하다고 생각하는 요소는 다른 사람들과의 비교로 인한 열등감에서 자유롭지 못합니다. 더 재미있는 것은 비교하는 대상입니다. 이들의 비교대상은 일반적인 기준으로 측정할 수 없는 부자나 권력층입니다(서브 프라임 사태에서는 '집'이었겠죠?). 당연히 상대적 박탈감은 커집니다. 아무리 애를 써도 그들처럼 될 수 없다는 자괴감은 열심히 노력하는 사람들의 마음을 쉽게 꺾어버립니다.

사실 우리가 다른 사람들과 비교하지 않고 자신의 목적을 달성하려면 단단한 마음을 바탕으로 꾸준히 노력해야 합니다. 더 나은 내일을 맞이하기 위해 필요한 것을 오늘 마무리 짓는다는 태도는 우리가 가져야 할 소중한 가치입니다. 내 주변에 있는 '누구'보다 잘 사는 삶이 아니라 어제보다 더 나은 오늘이 될 수 있도록 노력하는 것이 훨씬 생산적이라는 뜻입니다. 물론 이렇게 하기는 쉽지 않기 때문에 다양한 방식으로 마음을 다스려야 하죠.

이 과정에서 우리에게 가장 악영향으로 작용하는 것은 욕심입니다. 욕심은 사람을 성장시키는데 도움이 되기는 하지만 성장의 방향을 결정하지는 않습니다. 우리가 욕심을 품고 열심히 노력하여 성공할 수는 있어도 그 성공이 많은 사람들의 공감을 얻기엔 힘들 수도 있죠. 그러므로 우리는 더 높은 곳으로 올라가려는 마음은 품되 지나친 욕심은 멀리해야 합니다. 욕심은 사람을 가장 빠른 속도로 망가뜨리는 속성이 있습니다. 우리가 이 사실을 깨닫는다면 아마 예상치 못한 복을 더 받을 수 있을 것입니다. 끊임없이 수양하며 자신을 다스리도록 노력합시다. 그 과정을 통해 우리가 원하는 바를 조금씩 이룰 수 있습니다.

내부의 적이 더 위험하다

전쟁을 할 때 가장 조심해야 할 유형의 병사는 누구일까요? 마키아벨리는 이에 '원군'이라는 답을 내놓습니다. 전쟁을 이길 수 있도록 동맹국에서 지원한 병력이 원군이라는 사실을 생각해보면 이 말은 약간 이상하게 들립니다. 이런 반응을 예상한 탓인지 마키아벨리는 로마사 논고에서 다음과 같은 말을 남깁니다.

> "나는 모든 유형의 병사들 중에서 원군이 가장 해롭다고 생각한다. 그 이유는 도움을 주러 온 원군을 이용하는 군주 또는 공화국이 원군에 행사할 수 있는 권한이 전혀 없기 때문이다. 권한을 갖는건 오직 원군을 보낸 군주뿐이다…… (중략) …… 대개 이렇게 지원된 병사들은 전쟁에 승리했을 때 대적했던 국가뿐만 아니라 그들 자신을 고용한 우군까지 약탈한다. 원군은 자신들을 보낸 군주의 사악한 계략이나 그들 자신의 야욕 때문에 이런 일

을 쉽게 저지른다."

야심을 품은 나라의 군주에게 병력을 보내 달라고 요청하는 건 매우 위험한 행동입니다. 고양이 앞에 생선을 주는 격이죠. 이런 제안을 받은 군주는 유리한 고지를 점합니다. 지원을 핑계로 필요한 자원을 요구하거나, 지원시기를 늦추며 동맹국의 애간장을 태우는 등 고를 수 있는 카드는 많습니다.

무엇보다도 원군이 더 무서운 이유는 '이들이 내부에 있기 때문'입니다. 원군이 효과적으로 작전을 수행하려면 동맹국은 자신의 정보를 그들에게 공개해야 합니다. 만약 선의로 도와주는 입장이라면 큰 문제가 되지 않겠지만 앞서 말씀드렸던 대로 다른 마음을 품고 있다면 이 조치는 치명적으로 작용합니다. 예상치 못한 시기에 원군이 배신을 할 경우 동맹을 맺은 국가의 피해 규모는 큰 폭으로 확산됩니다.

만약 원군이 다른 마음을 먹었을 경우 그들이 취할 수 있는 전략은 크게 밖에서 공격하는 것과 안에서 공격하는 것의 두 가지입니다. 이 중 어떤 전략이 더 효과적일까요? 답은 후자입니다. 군대는 대개 내부의 요인으로 더 쉽게 무너집니다. 우리의 인생 역시 이와 비슷합니다. 삶의 목적이 스스로 세운 기준에 맞춰져 있는 사람은 외부의 요인에 큰 반응을 보이지 않습니다. 오히려 개인의 문제점을 보완할 수 있는 방법을 갈고 닦으며 더 나은 내일을 맞이하기 위해 노력하죠. 반면에 누군가가 주입한 생각을 자신의 의견으로 생각하고 삶을 영위하는 사람들은 다릅니다. 이들은 항상 운명을 탓하며 삶을 바꾸려 노력하지 않습니다. 시험을 볼 때도 이 법칙은 비슷하게 적용됩니다. 기본기가 탄탄한 사람은 유형이 바뀌어도 별로 당황하지 않지만, 요령만 익힌 친구들은 시험의 트렌드에 민감하게 반응합니다. 자신의 실력이 외부적 요인에 의해 변하기 때문입니다.

전쟁에서 승패를 결정하는 핵심 요소는 자신이 보유한 군대의 능력입니다. 이 사실을 부인할 수 있는 사람은 많지 않습니다. 나 자신을 보호할 수 있는 능력을 먼저 갖추어야 다른 곳에 자신의 영향력을 전파할 수 있습니다. 인생을 살아가는 원리도 국가를 경영하는 것과 크게 다르지 않습니다. 먼저 스스로를 돌아보고 목표를 설정하며 노력하여 능력을 키운 뒤 주변에 눈을 돌려야 합니다. 이 과정에서 외부의 도움이 필요 없는 것은 아니지만 다른 사람들을 도와 줄 수단이 없는 상태에서 도움만 요청한다면 곧 그는 기피대상이 됩니다.

운명을 결정하는 요인은 외부가 아니라 내부에 있습니다. 그러므로 우리는 마음을 수양하고 자신을 흔드는 외부의 요인에 저항해야 합니다. 쉽지 않은 일입니다. 이 목표를 달성하려면 우리의 자존감이 높아야 합니다. 미움받는 것을 두려워하지 않고 자신이 원하면서도 사회에 도움이 되는 일을 꾸준히 할 수 있는 결심이 서야 하죠. 성공하는 사람들이 적은 이유는 이 때문인지도 모릅니다. 하지만 우리가 되지 말라는 법도 없죠. 지금까지 내가 택한 전략을 다시 한 번 살펴보고, 나를 단단하게 만들 삶의 법칙이 무엇인지 떠올려봅시다. 그럼 더 멋진 인생이 내게 다가올 것입니다.

한 사람이 운명을 바꿀 수 없다

개인의 생존 vs 사회의 생존

아무도 없는 곳에 혼자 남겨진 사람이 살아남을 수 있는 확률은 얼마나 될까요? 아마 예상보다 그리 높지 않을 것입니다. 혹 그렇게 할 수 있다고 할지라도 삶의 질은 매우 낮아집니다. 모든 것을 스스로의 힘으로 이뤄야 하기 때문입니다. 이런 이유로 대개 사람들은 무리를 지어 함께 사는 것을 선호합니다.

현대사회에서 사람이 생존하기 위해 선택할 수 있는 전략은 취업이나 자영업 혹은 앞의 2가지 수단을 지닌 사람과 함께 생활하는 것(결혼, 동거 등)입니다. 물론 이 모든 것들은 쉽지 않습니다. 먼저 취업을 살펴보겠습니다. 이 전략은 자신보다 더 큰 집단에 스스로를 던지는 것입니다. 취업을 한 개인은 팀에 소속되어 회사에서 주어진 일을 담당합니다. 당연히 이는 혼자서 할 수 있는 프로젝트가 아닙니다. 주변과 끊임없이 소통하고 문제점을 보완하며 협력해야만 간신히 목표치를 맞출 수 있죠.

창업 역시 크게 다르지 않습니다. 물론 회사를 처음 설립했을 때는 거의 대부분의 일이 대표 한 사람의 능력으로 진행됩니다. 그러나 그 외적인 부분을 보면 상황이 조금 다릅니다. 대표는 초기 운영 자금을 빌리기 위해 은행을 찾아야 합니다. 이 기업이 IT기반 벤처라면 VC의 투자를 받을 수도 있습니다. 혹 돈을 빌리지 않고 사업을 할 경우라도 자신의 상품을 사 줄 거래처가 없으면 삶에 필요한 가치를 생산하기 어렵습니다.

이런 사회에서 우리는 생존을 위해 어떤 전략을 세우고 실천해야 할까요? 세상과 떨어져 산이나 숲에서 혼자 사는 선택지가 답이 되기는 힘듭니다. 어쩔 수 없이 사람과 부대껴야 하죠. 마키아벨리는 이 부분을 다음과 같이 서술합니다.

> "도시를 위대하게 만든 것은 개별적인 선이 아니라 공동선이다. 하지만 오늘날 이러한 공동선은 의심할 여지 없이 공화국에서만 중요한 것으로 간주된다. 왜냐하면 공화국에서는 공동선을 증진하는 일이라면 무엇이든지 실행하기 때문이다. 게다가 일부 사사로운 시민에게 비록 커다란 피해를 끼친다고 할지라도, 이른바 공동선으로

인해 이익을 향유하는 사람들이 워낙 많기 때문에 공화국은 그 정책 수행으로 인해 손해를 입는 소수 사람들의 의견을 무릅쓰고 그것을 밀어붙일 수 있다."

위의 문구에서 살펴본 마키아벨리의 입장은 지극히 공리주의적입니다. 이 중 소수의 의견을 무릅쓰고 밀어붙인다는 말은 우리가 깊게 생각해보아야 합니다. 현재 격렬하게 논쟁이 되는 부분이기 때문입니다. 개인적으로 저는 이 부분에 동의하지 않습니다. 다른 사람에게 이익이 된다고 해서 특정인이 피해를 보아야 하는 상황을 납득할 수 없기 때문입니다. 다만 공동선이 도시를 위대하게 만든다는 주장에는 공감합니다. 선한 의도가 모이면 그 결과는 유익한 방식으로 나타납니다. 이런 상황에서 특정인이 자신의 욕심을 채우려 시도할 경우 이때까지 갖추었던 이상적인 시스템은 거의 붕괴할 가능성이 높습니다.

그렇다면 개인의 이익을 추구하는 일이 왜 나쁜 것일까요? 이유는 간단합니다. 위와 같은 태도는 필연적으로 다른 사람들의 불이익을 가져오기 때문입니다. 정치에서도 이런 현상은 동일한 형태로 발생합니다.

"한 사람의 군주가 있는 경우에는 정반대의 현상이 일어난다. 군주에게 이로운 것은 대개 도시에는 해를 가져오고, 도시에 이로운 것은 군주에게 해를 가져오기 때문이다. 그러한 이유 때문에 자유로운 공동체에 참주정이 들어서게 되면 그 도시가 겪게 되는 해악은 가장 작을 때조차도 도시가 더 이상 발전하지 않고 도시의 국력이나 부 역시 더 이상 증진하지 않는다는 것이다. 오히려 대부분의 경우 아니 실제로 항상 도시는 쇠퇴한다. 만약 강력한 참주가 우연히 출연하여 용기와 무력으로 자신의 지배력을 확장한다 하더라도 그것은 국가에는 이익이 되지 않고 오로지 참주 자신에게만 이익이 될 뿐이다."

벌써 여러 번 강조했다시피 자신을 지키기 위해 필요한 것은 주도성입니다. 이 개념은 다른 사람들과 협동할 때든 혼자 지내든 상관없이 인생의 방향성을 설정하고 발전시키는데 매우 중요한 요소입니다.

만약 우리에게 스스로 생각하는 힘과 주도적인 태도가 없을 경우 인생은 매우 흥미로운 방향으로 변합니다. 물론 결과는 부정적입니다. 인생을 살아가는데 꼭 필요한 중요한 결정을 다른 사람들의 손에 맡기는 일은 위험성이 높습니다. 이전의 지식을 깡그리 잊어버리고 새로운 것을 배우지 않는다면 이런 현상은 더욱 급속도로 확산됩니다.

> "노예상태의 삶을 사는 나라들의 경우 오랫동안 간직해오던 고유한 미풍양속으로부터 멀어질수록 노예상태는 더욱 가혹하게 나타난다. 모든 가혹한 노예상태 중에서 가장 심한 것은 공화국에 복속되는 것이다. 그 이유는 첫째 그 노예상태는 보다 지속적인 것이어서 그것으로부터 벗어날 가망이 적기 때문이고, 둘째는 공화국의 목적이 자기 나라의 본체를 강화시키기 위해 다른 모든 나라의 힘을 약화시키고 허약하게 만드는 것이기 때문이다."

현명한 사람이 되려면 주변의 자원을 효율적으로 활용할 수 있어야 합니다. 이 과정에서 독선적인 태도는 좋지 않습니다. 오히려 상대방의 자율성을 존중하며 좋은 결과가 나올 수 있도록 최대한 배려하는 태도를 보이는 편이 훨씬 낫죠. 그리고 자신에게 이익이 되는 전략과 시스템을 하나 둘 구축하면 됩니다. 어느 누구도 노예의 삶을 원하지 않습니다. 그러나 우리의 행동은 대부분 노예가 되기 위한 과정을 충실히 밟고 있습니다. 어떻게 행동해야 하는지 정확한 원칙을 세우고 자신을 발전시키려는 노력을 하지 않기 때문입니다. 스스로에게 부족한 것이 무엇인지 확인하고 보완합시다. 그 가운데 주변의 손길을 통해 공동의 목표를 설정할 수 있다면 효과는 더 빠르게 나타날 것입니다. 이 글을 읽는 모든 분들의 건승을 기원합니다.

호랑이는 어떻게 만들어지는가?

한비자 내저설(內儲說)편을 보면 삼인성호(三人成虎)라는 말이 나옵니다. 이 고사는 세 사람이 모이면 호랑이를 만든다는 뜻으로 대개 다수가 힘을 쓰면 소수가 영향력을 발휘하지 못하는 상황에 많이 활용합니다. 대개 소수의 입장에 처한 사람은 자신이 옳다고 생각하는 근거가 확실히 있음에도 불구하고 많은 사람들이 추궁하면 자신의 의견을 표현하길 꺼립니다.

실제로 이런 사례는 많습니다. 가장 대표적인 예로는 '벌거벗은 임금님'이 있습니다. 임금님은 옷을 전혀 입지 않았지만 주변 사람들이 자신을 멋있다고 칭찬하자 옷을 만드는데 큰돈을 투자하길 잘했다고 생각합니다. 비웃는 사람들의 시선은 전혀 개의치 않았죠. 나중에 어린아이가 자신이 벌거벗었다는 사실을 지적해주지 않았더라면 임금님은 아마 평생 자신이 사기를 당했다는 사실을 알아채지 못했을 겁니다.

안타깝게도 이런 일은 동화에서만 발생하는 건 아닙니다. 다수가 힘을 발휘하여 역사의 물줄기를 바꾼 사건이 여럿 있기 때문이죠. 이는 긍정적인 방향으로 작용할 때도 있지만 반대의 결과를 가져오기도 합니다. 변화의 주체가 어떤 생각을 갖고 있느냐에 따라 바뀌기 때문입니다. 가장 좋은 사례로 뽑을 수 있는 사건은 아무래도 '프랑스 혁명'이 아닐까 합니다. 기존에 있었던 부조리를 타파하고 새로운 가치를 일궈냈기 때문입니다. 물론 그 과정에서 진행된 로베스피에르의 공포정치나 각종 음해공작 등 부정적인 사건들이 일부 있었던 것도 사실입니다. 그러나 전체적인 면으로 봤을 때 프랑스 혁명은 긍정적으로 평가받고 있습니다. 우리가 알고 있는 프랑스의 대표적인 이념인 자유, 평등, 박애의 정신이 반영된 중요한 사건이기 때문입니다.

비교적 근래에 있어 비슷한 주제로 생각해 볼 수 있는 사건은 2016년 여름에 영국에서 일어난 브렉시트(영국의 유럽연합 탈퇴) 투표입니다. 사건은 2013년 선거를 치르던 데이비드 캐머런 전 영국 총리로부터 시작되었습니다. 그는 선거 중 유럽연합 탈퇴를 묻는 국민투표를 몇 년 내에 시작할 것이라 발표했습니다. 보수층을 중심으로 제기되던 요구를 공식화한 것입니다. 그는 이런 여론을 수용하여 유럽연합에 영국으로 유입되는 이민자를 조절해달라고 요청합니다.

그러나 연합은 이 요청을 받아들이지 않았습니다. 영국이 탈퇴하더라도 연합에 소속된 사람들이 이동할 자유를 제한하는 일은 없어야 된다는 것이 그 이유였습니다. 이런 대립은 한동안 지속되다 2015년 총선에서 보수당이 과반을 형성하면서 균형이 깨졌습니다. 이는 캐머런 전 총리의 공약이기도 했던지라 사람들은 곧 그가 국민들에게 의견을 물을 것이라 판단했습니다. 그는 예상대로 움직였고 결국 2016년 6월 23일에 전 영국 국민을 대상으로 한 국민투표가 실시되었죠. 총 72.2%의 영국 국민이 참여한 이 투표는 유럽연합 잔류 48.1%, 탈퇴 51.9%로 마무리되었습니다. 유럽연합이 결성된 이래 처음으로 제기된 탈퇴의견이었기에 이 사건은 많은 사람들의 관심을 받았습니다.

브렉시트를 바라보는 의견은 세대별로 극명한 차이를 보입니다. 먼저 20~30대의 청년층은 노인들이 영국의 미래를 망쳤다고 생각합니다. 그러나 노년층은 이 조치를 통해 영국이 더 크게 발전할 수 있을 것이라 생각합니다. 해가 지지 않는 나라로 불렸던 영광의 시대를 다시 볼 수 있다는 생각을 하는 사람도 있죠. 그렇다면 이들은 어떤 이유에서 이 사건을 이토록 다른 입장으로 바라보는 것일까요?

브렉시트를 찬성하는 사람들은 유럽연합에 들어가는 분담금으로 영국 내 교육 인프라를 향상시키거나 신산업을 육성하길 원합니다. 또한 이민자 유입을 시스템적으로 제어할 수 있다는 점도 강조하죠. 노동법이나 보건 및 안전 등에 통제력을 강화할 수 있다는 점 역시 이 주장에 힘을 실어줍니다.

그렇다면 영국이 유럽연합에서 탈퇴하면 어떤 불편함을 겪을까요? 가장 먼저 생각할 수 있는 건 무역 시 관세가 올라가기 때문에 물류 이동이 자유롭지 못할 것이라는 점입니다. 영국이 자급자족하며 생활할 수 있다면 큰 문제는 아니지만 이런 경제활동이 가능한 나라가 현재 거의 없다는 점으로 볼 때 이는 결코 가볍게 볼 사안이 아닙니다.

그리고 까다로운 출입국 절차도 문제가 됩니다. 현재 유럽연합에서는 회원국 간 이동이 매우 자유롭습니다. 독일에 사는 사람이 기차표 한 장 끊어서 프랑스로 여행가는게 꽤 일상화되어 있죠. 그러나 만약 연합 소속국이 되지 못한다면 이마저도 불가능합니다. 물론 브렉시트가 실행되기까지는 많은 절차를 거쳐야 하기 때문에 아직 어떤 선택지가 그들에게 주어질지는 아무도 모릅니다. 시간을 갖고 기다려봐야 할 듯 합니다.

앞서 살펴본 바와 같이 인생은 우리의 마음대로 흘러가지 않습니다. 혼자서 인생을 바꿀 수 있는 경우는 거의 없습니다. 내가 어떤 일에 집중한다 할지라도 다른 외부적인 요인에 의해 계획했던 것이 송두리째 날아가기도 하죠. 그렇다면 우리가 해야 할 일은 무엇일까요? 만약 잘못된 결정을 하는 집단에 자신이 소속되어 있다면 가장 중요한 것은 스스로를 보호할 개인적 수단을 갖추는 일입니다. 물론 이 방식은 타인에게 피해를 주지 않아야 합니다. 하지만 살다보면 이런 이상적인 상황은 잘 오지 않습니다. 거의 대부분 남에게 피해를 줄 때가 대부분이죠. 활용할 수 있는 전략은 다양합니다. 상대편에 대한 안좋은 소문을 이야기하거나(네거티브), 사람들 사이에서 분란을 조장하는 방법도 있죠. 그러나 요즘엔 이마저도 쉽지 않습니다. 그들의 전략을 이해하는 사람들이 예전보다 많아졌기 때문입니다. 자신이 생각했던 대로 되는 일은 거의 없습니다.

사실 지금까지 이야기한 것은 마키아벨리의 개념으로 따지면 포르투나(운명)에 가깝습니다. 세상에는 사람의 힘으로 되지 않는 일들이 참 많습니다. 하지만 그렇다고 해서 우리가 운명에 무조건적으로 순응하는 건 옳지 않습니다. 만약 운명이 정해져있다면 방탕하게 살아도 누군가가 알아서 해 줄 것이라는 생각을 갖게 되지 않을까요? 이런 견해는 상식적으로 볼 때 옳지 않습니다. 만약 이 글을 읽고 있는 여러분이 영국에 살고 있는 20대의 청년이라고 가정해봅시다. 브렉시트가 현실화되었다고 해서 삶을 포기해야 할까요? 만약 이 질문에 '그렇다'라고 대답하지 않았으면 합니다. 만약 상황을 바꿀 수 있다면 그 과정 내에서 최대한 자신에게 주어진 능력을 다하는 편이 훨씬 생산적입니다. 그리고 거의 대부분 이렇게 노력하는 사람은 스스로의 인생을 보호할 힘을 갖죠.

　사람이라면 누구나 자신만의 길과 운명이 있습니다. 물론 이는 한 사람의 힘으로 바꿀 수 없는 것일지도 모릅니다. 그러나 저는 이 사실을 알았다 할지라도 자신의 길을 개척하며 세상에 꿋꿋하게 맞서는 여러분들이 되었으면 합니다. 세상의 변화에 유연하게 대처하면서도 내면에 강인함을 보유한 사람이라면 삶이 더 윤택해질 것입니다.

행운은 시대에 따라 변한다

행운과 불운은 동시에 존재한다

장영실이라는 인물이 있습니다. GE를 설립한 에디슨과 비견될 만큼 발명에 일가견이 있었던 천재죠. 그는 우리에게 잘 알려진 물시계, 자격루(自擊漏)를 만들어 낸 조선의 학자입니다. 물이 흐르는 원리를 이용하여 종을 울리도록 만들어진 자격루는 이전과는 달리 모든 과정이 자동으로 진행됩니다. 이 사실을 알게 된 사람들은 시계를 만든 그의 재능에 깊이 감복했습니다.

그런데 그에게는 한 가지 문제가 있었습니다. 바로 신분이었습니다. 그는 관가에 소속되어 있던 노비였습니다. 신분의 벽이 엄격했던 조선사회에서 이는 아주 중요한 문제였습니다. 무언가를 만들려 열심히 노력해도 인정받지 못하고, 오히려 공을 빼앗기는 경우도 비일비재했죠. 게다가 수도인 한양과는 멀리 떨어진 동래(현재의 부산)에 위치한 장영실의 재능을 알아줄 수 있는 사람도 없었습니다.

이랬던 그가 세종의 눈에 띌 수 있었던 계기는 전국적으로 발생한 자연재해였습니다. 동래현에 심한 가뭄이 들어 백성들이 굶주릴 위기에 처한 것입니다. 장영실은 문제를 해결하기 위해 수로를 파고 물을 끌어올 수 있는 수차(오늘날의 양수기)를 만들었습니다. 가뭄은 곧 해결되었고 이 소식이 세종의 귀에 들어가면서 그는 본격적으로 자신의 능력을 발휘할 수 있게 되었습니다.

한양으로 온 장영실에게 세종이 지원한 내용은 파격적이었습니다. 능력이 있는 사람을 중히 쓰겠다는 그의 의지가 반영된 결과입니다. 장영실은 새로운 문물과 지식을 익히기 위해 2차례나 중국 유학을 다녀오고, 종 3품 대호군에까지 오릅니다. 감이 잘 안 오시는 분들을 위해 좀 풀어보자면 오늘날의 장관에 해당하는 판서가 종 2품입니다. 그가 노비 출신이라는 것을 생각해 보면 이는 어마어마한 성공이었습니다.

장영실은 세종의 은혜에 보답이라도 하듯이 뛰어난 발명품을 연이어 쏟아냅니다. 천체관측 기구인 혼천의와 간의, 휴대용 해시계인 현주일구와 천평일구, 공공장소 설치용 해시계인 앙부일구, 스스로 울리는 물시계인 자격루, 비의 양을 계산하는 측우기 등이 그 결과물입니다. 그의 발명품은 농업이 중심이 되는 사회에서 자연의 규칙을 알 수 있도록 도와주는 훌륭한 안내자 역할을 했습니다.

이 사례를 보면 지음(知音)이라는 고사로 유명한 거문고의 달인 백아(伯牙)와 그의 친구 종자기(鐘子期)가 떠오릅니다. 백아가 거문고를 타면서 느꼈던 감정을 알아준 이는 천하에 종자기가 유일했습니다. 아마 장영실과 세종의 관계도 이와 같지 않았을까요? 신분에 얽매이지 않고 능력을 알아준 세종의 인품이라면 능히 이들과 비교할만합니다.

만약 그가 20년 일찍 세상에 태어났더라도 이런 성과를 낼 수 있었을까요? 아마 불가능했을 것입니다. 세종의 아버지는 2차례에 걸친 왕자의 난에서 살아남은 태종 이방원입니다. 지옥과 같은 전장을 헤쳐온 인물이니 당연히 세종과는 생각이 많이 달랐을 것입니다. 이런 상황에서라면 장영실은 자신이 살았던 마을에서 한 발짝도 나가지 못한 채 관가의 노예로 평생을 살았을 가능성이 높습니다. 그런 면에서 그가 세종을 만난 것은 행운이라 할 수 있습니다.

그런데 이상하게도 그가 노년에 어떤 삶을 살았는지에 대한 기록은 찾아보기 어렵습니다. 왜 그런 것일까요? 사람들이 가장 많이 이야기하는 건 가마 파손 사건입니다. 1442년 봄에 세종이 타고 있던 가마가 부서지며 왕이 땅바닥에 구르는 수모를 당합니다. 이후 가마의 제작자를 추궁하고 벌을 주어야 한다는 의견이 여기저기서 제기됩니다. 공교롭게도 총괄 책임자는 장영실이었습니다. 결국 그는 관직을 빼앗기고 곤장을 맞은 뒤 지방으로 유배됩니다.

그런데 좀 미심쩍은 부분이 있습니다. 바로 그의 해임 사유입니다. 물론 왕이 가마에서 떨어져 땅바닥을 구르도록 만든 건 그 당시 기준으로 볼 때 중죄가 맞지만, 그렇다고 해서 공이 많은 장영실이 파직되고 역사의 기록에서 사라졌다는 사실은 쉽게 받아들이기 어렵습니다. 또한 장영실을 그토록 아꼈던 세종이 가마 하나가 부서진 사건을 빌미 삼아 그의 관직을 삭탈했다는 것도 의외입니다. 그렇기 때문에 이 부분에 대한 학자들의 의견도 여러 가지로 나뉩니다.

이 중 가장 설득력 있는 해석은 '장영실이 이룩한 과학적 업적이 그 당시의 강대국인 명(明)나라의 심기를 거슬렀고 이 때문에 그의 입지를 약화시킬 수밖에 없었다'입니다. 그 당시 천문학, 즉 역법은 황제만이 다스릴 수 있는 신성한 것으로 여겨졌습니다. 천문학은 좀 거칠게 말하면 하늘의 규칙을 읽는 공부입니다. 만약 조선의 누군가가 그 이치를 정확하게 파악할 수 있다면 명(明) 황제의 정통성이 약해지기 때문에 그들은 이 문제에 극도로 민감하게 반응할 수밖에 없었을 것입니다. 공교롭게도 장영실이 발명한 것은 다 이 분야와 관련이 있었습니다. 그러니 세종은 자연스럽게 명 황제의 시기를 받을 가능성이 높았을 것입니다. 가마 사건은 이런 여론을 잠재우기 위한 하나의 계기였던 셈이죠.

장영실에 대한 기록이 이후에는 없는 관계로 그가 말년에 어떤 삶을 살았는지 파악하는 건 생각보다 쉽지 않습니다. 사람들의 눈을 피해 지방에서 자신의 소임을 다했을 수도 있고, 관직을 빼앗긴 것에 절망하여 폐인처럼 살았을지도 모릅니다. 더 많은 연구와 조사가 병행된다면 그의 마지막을 조금이나마 알 수 있게 되지 않을까요?

개인적으로 저는 그의 업적이 이렇게 저평가된 부분에 대해 마음이 많이 아픕니다. 세상을 바꾸는 법칙이나 발명품을 만들어 내는 일은 신성하게 여겨져야 합니다. 만약 그 당시 세계의 모든 사람들을 대상으로 하는 학회가 있었다면 장영실은 일대 센세이션을 일으킬 수도 있었습니다. 시대를 잘못 만났다고 밖에 생각할 수 없습니다.

이처럼 장영실의 인생에는 행운과 불운이 언제나 함께 있었습니다. 그가 세종을 만나 자유롭게 연구할 수 있었던 것은 큰 행운이었습니다. 반면에 중국의 기에 눌려 성과를 내고도 인정을 받지 못한 점은 안타까운 부분이죠. 만약 우리가 이런 상황에 처해있다면 '행운이 시대에 따라 변한다'는 진리를 기억해야 합니다. 기회의 신은 앞머리가 무성하고 뒤는 대머리인 사람의 모습으로 묘사됩니다. 시간이 지나면 잡을 수 없다는 뜻입니다. 기회는 준비된 자에게만 옵니다. 그렇기 때문에 우리는 시대를 읽으며 현 상황에서 무엇을 해야 할지 항상 고민해야 하죠.

머릿속으로 '방향을 설정하지 않고 표류하는 작은 조각배'를 떠올려 봅시다. 소용돌이가 다가오는 상황에서 조각배는 아무것도 하지 못합니다. 그러나 지도와 나침반을 갖고 움직이는 범선이라면 그 장소를 쉽게 피할 수 있습니다. 우리의 인생도 이와 같습니다. 인생에 필요한 나침반과 지도를 갖도록 노력합시다. 현재 상황을 분석하는 눈과 미래를 준비하는 태도가 이에 비견될만합니다. 없다면 지금부터 만들면 됩니다. 우리의 인생은 생각보다 깁니다.

시대가 리더를 받아들이는 방식

이상적인 리더가 갖추어야 할 조건에는 무엇이 있을까요? 또 그 조건은 항상 같은 방식으로 작용되어야만 할까요? 우리는 전 장에서 행운과 불운은 동시에 존재한다는 내용을 살펴보았습니다. 또한 현재 상황을 분석하며 미래의 변화에 맞춰 자신에게 필요한 능력을 갖추어야 한다는 사실도 알았죠. 그렇지만 이 내용을 그대로 받아들일 수는 없습니다. 모든 것을 의심하라는 데카르트의 말 때문이 아니더라도 우리는 항상 주변을 살피고 자신과 타인 모두에게 도움이 되는 전략을 선택해야 합니다.

마키아벨리는 이 사례를 설명하기 위해 2명의 군주를 이야기합니다. 첫 번째는 피에로 소데리니입니다. 그는 부드럽고 자상함을 최고의 가치로 여기는 리더였습니다. 삼국지의 유비 같은 스타일이라 생각하면 쉽게 이해될 것입니다. 안타깝게도 그는 강한 국가가 필요했던 난세에도 위의 가치를 강조했기 때문에 힘을 기르지 못한 채 몰락했습니다.

반면에 교황 율리우스 2세는 소데리니와 정반대의 성향을 지녔습니다. 그는 재위기간 내내 일을 격렬하면서도 성급하게 처리했습니다. 그러나 다행스럽게도 시대와 잘 어울린 탓인지 소데리니처럼 권력을 쉽게 잃지는 않았습니다. 그의 빠른 일처리 방식이 오히려 대신이나 백성들로부터 환영받았기 때문입니다. 정확한 기준 없이 일을 급하게 처리하는 리더가 오늘날 사랑받지 못하는 사실에 미루어보면 이런 현상은 좀 의외의 결과입니다.

위의 두 사람을 통해 우리가 배울 수 있는 것은 간단합니다. 시대에 따라 변하는 행운을 잡으려면 생활양식이나 삶의 원리가 바뀌어야 한다는 것입니다. 누군가에게 맞지 않는 방식이 다른 사람들에게는 최고의 전략이 될 수 있습니다. 우리는 이 사실을 인정하지 않고 상대가 틀리다고만 생각하기 때문에 시야가 좁아집니다. 마키아벨리는 로마사 논고에서 이런 상황을 다음과 같이 평합니다.

> "이미 수차례에 걸쳐서 나는 사람들의 불운과 행운의 원인이란 그들이 일하는 방법이 시대에 적합한지 아닌지에 달려 있다고 서술한 바 있다. 일을 함에 있어 어떤 사람들은 서둘러 추진하고 어떤 사람들은 주의하며 조심스럽게 추진한다. 사람들은 이러한 두 방법을 활용함에 있어 진정한 길을 알 수 없기 때문에 때로 적절한 경계를 넘어서게 되고 그 결과 과오를 저지르게 된다. 그렇지만 만일 어떤 사람의 방법이 시대에 적합하다면 그는 잘못을 덜 저지르고 번영하는 행운을 누리는 데 성공한다. 왜냐하면 당신은 항상 본성이 이끄는 대로 행동하기 때문이다."

만약 여러분들이라면 소데리니와 율리우스 둘 중 어떤 리더의 입장을 지지하시겠습니까? 일반적으로 나라가 어지러운 상황이라면 결단력 있고 강한 리더를, 태평성대라면 정이 많고 자상한 군주를 선택할 것입니다. 강한 힘이 없으면 자신의 재산과 명예를 빼앗길 수밖에 없었던 춘추전국시대를 생각해보면 이를 쉽게 이해할 수 있습니다. 이 때 사람들의 선택을 받은 사상은 일정한 규칙 아래 사람들의 마음을 모으는 유가, 법가 같은 사상이었습니다.

반면에 묵자가 주장한 겸애(兼愛)라는 사상은 상대적으로 사람들의 선택을 받지 못했습니다. 앞서 말했다시피 겸애는 성경에서 말하는 '네 이웃을 내 몸과 같이 사랑하라'와 의미상 거의 같은 개념입니다. 전쟁 중에 다른 사람을 사랑하는 자세는 반드시 필요하지만 그렇게 될 경우 스스로를 지킬 수단을 상실합니다. 누군가가 뒤에서 칼침을 놓을 수도 있죠. 눈먼 화살에 맞아 세상을 떠날지도 모릅니다. 그러니 자신을 보호하기 위한 사상은 시대에 따라 자연스럽게 달라져야 합니다(이 내용을 겸애가 나쁜 사상이라는 의도로 오해하지 않으셨으면 합니다).

안타까운 것은 우리가 이 사실을 알고 있음에도 불구하고 쉽게 변하기 힘들다는 점입니다. 개인적으로 저는 도가의 사상에 관심이 많습니다. 출퇴근 중 이북으로 된 노자의 도덕경을 읽는 시간은 제게 매우 귀하고 의미있습니다. 그러나 그의 생각을 삶에서 실천하기란 쉽지 않습니다. 머리로는 이해하지만 마음속으로는 따르기 어려운 장벽이 생긴 것일까요? 마키아벨리도 이 점을 오래 전에 깨닫고는 우리에게 다음과 같이 강조했습니다.

"우리는 다음의 두 가지 이유 때문에 잘 변할 수 없다.
첫째는 본성이 우리를 이끄는 것에 반해 행동할 수 없다는 점이고, 둘째는 어떤 사람이 한 가지 행동방식에 따라 이미 크게 성공했다면, 다른 방식으로 행동함으로써 이익을 얻을 수 있다고 그를 설득할 수 없다는 점이다. 이 때문에 동일한 사람이 다양한 운명을 맞이하게 된다. 곧 운명은 시대에 따라 변하는데 사람은 자신의 방식을 다양하게 변화시키지 않기 때문이다."

위의 내용은 바꿔 말하면 우리가 행운을 잡기 어렵다는 사실을 의미합니다. 이 목적을 달성하려면 보통 사람들과 다른 생각을 하고 준비된 상태에서 시대를 읽는 눈을 갖추어야 합니다. 허나 그렇다고 해서 손을 놓은 채 다른 사람들이 내 인생을 좌지우지 하도록 두어선 안 됩니다. 우리의 인생은 다른 사람들이 함부로 할 만큼 가치없는 것이 아닙니다. 누구에게나 삶은 소설입니다. 비극일지 희극일지는 알 수 없으나 저는 개인적으로 이 소설이 희극으로 끝났으면 합니다. 개인의 인생이라는 소설은 누군가에 의해 쓰여지는 것이 아니라 직접 쓰는 것입니다. 삶에 활력을 주는 일과 목적을 발견하고 자신의 인생을 아름답게 만들어 나갑시다. 그 가운데 시대를 읽는 눈이 더해진다면 우리의 인생은 어떠한 방식으로든 세상에 큰 의미를 부여할 것입니다.

사람은 본래 악하다

1

이라크의 수도 바그다드. 차도르를 두른 한 중년 여성 아딜라가 폐허가 된 건물을 누비며 쓰레기 더미를 뒤지고 있다. 한참을 그렇게 주변을 들쑤시고 다니다 쓸모 있다고 생각되는 것을 발견한 그녀는 얼마 전에 주운 양철 바구니에 그것을 던져 넣었다. 다시 쓰레기 더미를 뒤지는 그녀의 얼굴에 수심이 가득하다. 주변에 널려있는 쓰레기와 부서진 건물의 잔해가 그녀의 마음을 대변하는 것 같다.

사실 그녀가 이렇게 쓰레기 더미를 뒤지고 다니는 이유는 얼마 전에 일어난 테러 때문이다. 그녀는 폭탄이 터지던 날을 잊지 못한다. 하늘을 찢는 듯한 큰 소리가 울리더니 먼지구름이 여기저기를 휩쓸기 시작했다. 지인의 말에 따르면 이로 인해 반경 2km의 거리가 초토화 되었다고 한다. 건물이 무너지며 사람들을 덮친 탓에 수백 명이 죽고 다쳤다. 다행히 그녀는 외부에 있어 참사를 면했다. 그러나 애석하게도 그날 이후 그녀는 아들의 모습을 더 이상 볼 수 없었다.

지금 그녀가 있는 곳은 폭탄이 터졌던 바로 그 장소이다. 테러의 위협으로 인해 목숨을 잃을 수 있는데도 불구하고 그녀가 이토록 아들을 찾아 헤매는 이유는 혹시 시체라도 건질 수 있지 않을까 하는 일말의 기대 때문이다. 저 건물 깊이 혼자 있을 아들을 생각하니 그녀의 가슴이 미어진다. 그녀는 마음을 굳게 먹고 다시 쓰레기 더미를 뒤지기 시작했다. 그녀의 손이 바빠졌다. 오늘 안에는 아들을 꼭 찾고야 말겠다는 그녀의 눈에서 결의가 엿보인다.

2

싱가포르에 사는 브라이언 웡은 금융업에 종사하는 30대 중반의 직장인이다. 커피와 토스트로 간편하게 아침을 챙겨먹은 그는 가방을 챙긴 뒤 집을 나섰다. 회사는 지하철로 약 20분가량 떨어진 거리에 있다. 브라이언은 이 시간에 주로 책을 읽는다. 그가 펼쳐든 책은 몽테뉴의 수상록이다. 좋은 글귀에 밑줄을 치며 그는 오늘 하루를 의미있게 보낼 수 있을 것이라는 확신을 갖는다.

아침 회의를 마친 브라이언은 곧바로 자리에 앉아 일을 시작했다. 회사는 요즘 인도네시아에 지사를 설립하는 문제 때문에 많이 바쁘다. 브라이언은 지사 설립과 관련된 팀의 리더를 맡고 있기 때문에 조만간 해외출장을 가게 될지도 모른다고 생각했다. 이런 이유로 그는 얼마 전부터 회사가 현지에서 자리잡는데 필요한 각종 세법을 공부하고 있다. 지사의 성공 여부에 따라 승진이 결정되기 때문에 그는 이번 일에 최선을 다해야 겠다고 다짐했다.

일을 마친 브라이언은 회사를 나와 지하철역으로 이동했다. 잠시 둘러본 거리의 모습이 참 좋다. 근처에 있는 머라이언 상에서 나오는 물줄기와 조명으로 인해 야경이 참 멋지다. 주변 사람들의 모습에는 웃음이 가득하다. 사진을 찍는 신혼부부의 모습을 보며 브라이언은 곧 만날 자신의 연인을 떠올렸다. 얼마 전 원하는 회사로부터 최종 합격 통보를 받은 그녀는 입사 전까지 필요한 것을 챙기느라 많이 바쁘다. 축하의 의미로 맛있는 저녁을 만들어주기 위해 브라이언은 마트에 들러 필요한 물품을 샀다. 그녀가 맛있게 먹는 모습을 상상하며 브라이언은 입가에 미소를 지었다.

위 두 사례의 생활이 180도로 다른 이유는 무엇일까요? 생각해야 할 요인은 많습니다. 가장 큰 차이점은 전쟁이 일어나는 빈도입니다. 이라크는 지금도 테러리스트의 위협을 받고 있는 위험한 나라입니다. 그러나 싱가포르는 이라크에 비하면 그 위험성이 현저히 낮죠. 기존에 이뤘던 것이 그대로 남아있기 때문에 부를 쌓아올리기 더 유리한 것입니다.

사람의 본성을 파악하기 위해 가장 좋은 것은 전쟁입니다. 어려운 상황에서 사람의 본심이 가장 잘 드러나기 때문입니다. 사람은 힘든 상황이 되면 타인을 생각하기 보다는 자신의 생존을 걱정합니다. 피가 섞인 가족도 예외는 없습니다. 함께 있을 때 생존 가능성이 낮아지면 가족은 대개 뿔뿔이 흩어집니다. 정글에 오랫동안 먹이가 없으면 가장 먼저 죽는 것이 덩치가 큰 동물인 것처럼 가족 역시도 살아남으려면 그 크기를 줄일 수밖에 없기 때문입니다.

이쯤 되면 사람이 선한가 악한가에 대한 질문은 큰 의미가 없습니다. 아무리 사람이 선하다 할지라도 자신이 살아남기 위해선 타인보다는 스스로를 먼저 생각해야 합니다. 사람을 악하게 만드는 건 상황입니다. 역사를 살펴봐도 우리는 이 사실을 쉽게 알 수 있습니다. 국가 규모의 싸움이 빈번하게 발생했던 고대의 상황을 생각해봅시다. 전쟁으로 황폐화 된 상황에서 먹을 것이 없을 때 '주변 사람들에게 사랑을 베풀어야 합니다'라고 아무리 외쳐본다 한들 그 말에 공감해 줄 사람은 아무도 없습니다.

애석하게도 지금 우리가 사는 세상은 소리없는 전쟁터입니다. 그런데 이상하게도 '앞으로는 좋은 일이 생길거야'라고 낙관하는 사람들이 생각보다 많습니다. 물론 좋은 일이 생겨서 나쁠 건 없지만 좋은 일만 생길 것이라며 주변의 상황에 대비하지 않는 태도는 위험합니다. 긍정적인 생각과 전망만 갖고 세상을 살 수는 없다는 뜻입니다. 마키아벨리 역시 로마사 논고에서 같은 의견을 피력했습니다.

> "국가를 창설하고 법률을 제정하는 자는 다음과 같은 점을 상정할 필요가 있다. 즉, 모든 인간은 사악하고, 따라서 자유로운 기회가 주어지면 언제나 자신들의 사악한 정신에 따라 행동하려 한다는 점이다. 어떤 사악함이 당분간 숨겨져 있다면, 그 이유는 무엇인가 알려진 경험이 없어 아직 발견되지 않은 원인이 숨겨져 있기 때문이며, 사람들이 모든 진리의 아버지라고 일컫는 시간에 의해

그 원인은 조만간 밝혀지게 마련이다."

책을 통해 살펴본 그의 시선은 매우 냉철합니다. 기본적으로 그는 사람보다는 시스템과 제도의 힘을 믿었습니다. 그가 이런 의견을 내비친 이유는 간단합니다. 사람은 상황에 따라 성격과 행동양식이 변하지만 시스템은 한 번 세팅되면 계속해서 같은 기능을 수행하기 때문입니다. 사실 잘 짜인 시스템이 제 역할을 못하는 이유 역시도 사람 때문입니다. 올바른 시스템 때문에 피해를 보는 사람들은 이를 바꾸길 원합니다. 그들은 다양한 방법을 활용하여 시스템을 바꾸려 시도하고 그 중 일부는 그 목적을 달성합니다. 마키아벨리가 사람보다 시스템을 믿은 이유는 이 때문이죠.

혹자는 이런 시선이 거북하다고 말할지도 모릅니다. 사실 주변을 살펴보면 사람의 마음을 따뜻하게 하는 아름다운 이야기가 많이 들립니다. 지하철에 떨어진 취객을 구한 멋진 청년의 이야기, 생활이 어려운 노인들을 위해 집을 짓고 음식을 나눠주는 사람들의 미담 등을 듣고 있으면 세상이 참 아름다운 곳이라는 생각이 듭니다.

허나 우리가 깊이 생각해 봐야 할 점이 하나 있습니다. 지금 우리가 살고 있는 곳에서 선한 일을 하는 사람과 악한 일을 하는 사람의 비율 중 더 많은 쪽은 어디일까요? 정도의 차이는 있지만 애석하게도 세상에는 악한 일을 하는 사람이 더 많습니다. 그 이유는 선한 일을 했을 때보다 악한 일을 했을 때 자신을 더 쉽게 보호할 수 있기 때문입니다. 전쟁에 나선 부대가 군량이 떨어졌다고 가정해봅시다. 그들이 이 문제를 해결하려면 어떻게 해야 할까요? 다른 사람의 마음이나 개인의 양심을 생각하지 않았을 경우 가장 효과적인 선택지는 주민들로부터 식량을 빼앗는 것입니다. 원성을 살 수도 있지만 크게 신경쓰지 않아도 됩니다. 무시하고 진압하면 그만이기 때문입니다.

최초의 경제학자라고 불리는 애덤 스미스 역시 이 의견에 동조합니다. 그는 '사람들은 비록 어떤 일이 세상을 바꿀 만큼 위험하고 큰일이더라도 그게 자신과 관련이 없으면 관심을 갖지 않는다'고 주장합니다. 대개 사람은 자신에게 이익이 되는 일을 좋아합니다. 그렇기 때문에 도움이 안 되는 일을 굳이 알리고 하는 경우는 드뭅니다. 우리는 이 사실을 그의 저서인 '도덕감정론'을 통해 확인할 수 있습니다.

> "만약 누군가가 내일 자신의 새끼손가락을 잘라버려야 한다면, 아마도 오늘밤 쉽사리 잠들지 못할 것이다. 반면 수억 명에 달하는 사람이 죽은 사고가 났다고 생각해 보자. 하지만 그 사고를 직접 보지 않는 한, 그는 아주

편안한 마음으로 코를 골며 잠들 것이다. 이렇듯 인간은 수많은 사람들의 사망 사건보다 자신의 작은 불운에 더 고통스러워한다."

마키아벨리의 입장은 조금 더 강경한 편입니다. 그는 사람들에게 과도한 자유가 주어지면 안 된다고 말합니다. 법으로 세상을 다스려야 된다고 주장한 한비자처럼 그 역시도 철저하게 짜여진 규율을 중요하게 생각했습니다.

"사람들은 필연에 의해 강요당하지 않는 한 결코 좋은 일을 하려 하지 않으며, 많은 선택이 있고 과도한 자유가 허용되면 만사가 순식간에 혼란과 무질서에 빠진다는 점이다. 그러므로 굶주림과 빈곤은 사람들을 근면하게 만들고, 법률은 사람들을 선량하게 만든다는 말이 있다."

만약 어떤 사회 내에 대립관계가 팽배하다면 사람들은 그곳에서 살아남기 위해 자신의 욕망을 감춰야 합니다. 그러나 대립의 균형이 깨지면 억눌러있던 욕구로 인해 사회 전체가 병듭니다. 대개 이 욕구는 자신이 속하지 않은 집단을 괴롭히는 형태로 나타납니다. 역사를 살펴봐도 이런 사례는 많습니다. 물론 이런 상황은 로마사 논고에도 기록되어 있습니다.

"로마에서는 타르퀴니우스 왕가를 추방한 후 인민과 원로원이 일치단결해 있었다. 귀족은 자신들의 오만함을 버리고 민주적 정신을 따르고 있었으며, 따라서 아무리 비천한 자라도 참을만 했다. 타르퀴니우스 왕가 사람들이 살아 있을 동안에는 이러한 위장이 드러나지 않았고 그 원인 역시 알려지지 않았다. 왜냐하면 귀족들은 타르퀴니우스 왕가를 두려워했고, 인민을 학대하면 인민이 그들 편을 들것이라 염려하여 인민에게 점잖게 처신했기 때문이다. 그러나 타르퀴니우스 왕가가 절손되고 귀족들이 지닌 두려움이 사라지게 되자, 귀족들은 인민에게 그들이 가슴속에 품고 있던 울분을 터뜨리기 시작했고, 온갖 방법으로 인민을 괴롭히기 시작했다."

이후 이와 같은 사례가 다시 일어나는 것을 방지하기 위해 로마에서는 '호민관'이라는 직책을 만들어냈습니다. 호민관은 시민의 권리를 대변하는 인물로 생명과 재산을 보호하는 거의 모든 일에 관여할 수 있었으며 귀족도 함부로 하지 못하는 자리였습니다. 호민관이 제 역할을 하기 시작한 때부터 귀족과 시민 간의 대립은 조금씩 감소했습니다. 쓸데없이 분란을 일으키고 싶지 않다는 양측의 생각과 호민관의 역할이 잘 맞아 떨어진 탓입니다.

　우리의 삶에서 가장 중요하게 생각해야 될 요소 중 하나는 바로 균형입니다. 로마시대에 호민관이 있어 귀족과 시민 사이의 관계를 조율했던 것처럼 우리에게도 외부와 나 자신을 조율하는 삶의 법칙이 있어야 합니다. 먼저 우리 주변에 선과 악 중 어떤 요소가 더 많은지 생각하고 이에 따라 내가 행동해야 될 방식을 정해 봅시다. 마키아벨리는 후자인 악이 더 많다고 판단했습니다. 저도 이 의견에 동의합니다. 그렇기 때문에 우리는 항상 깨어있어야 합니다. 또한 꿈만 가지면 성공할 수 있다며 사람들을 외부의 자극에 둔감하게 만드는 모든 요소를 경계해야 합니다. 꿈을 꾸되 현실을 항상 기억합시다. 희박한 성공 사례만을 살피며 막연한 희망에 기대지 말고, 모든 가능성을 판단한 뒤 내가 진정으로 성공하기 위한 방법을 궁리합시다. 운에 기대어 성공할 만큼 세상은 만만하지 않습니다.

'사람들의 욕심은 모두 똑같다'

인간을 발전시키는 가장 큰 요소는 '욕심'이라는 사실을 부인할 수 있는 사람은 없습니다. 욕심은 삶에서 다양한 형태로 나타납니다. 남의 것을 탐내는 마음, 멋진 외모를 갖고 싶은 욕망, 성공하고 싶다는 의지 등 그 형태는 때에 따라 천차만별입니다. 대개 사람의 성격은 이런 욕심을 얼마나 갖추고 있느냐에 따라 결정됩니다. 다른 사람들의 시선을 생각하는 사람의 마음속에는 멋진 외모를 갖추고자 하는 욕망이 있을 것입니다. 반면에 성공하고자 하는 사람은 자신의 영향력을 어떻게 하면 다른 사람들에게 전파할 수 있을지를 고민합니다.

이런 여러 가지 요소 중 가장 좋은 건 자신을 발전시키고자 하는 욕망입니다. 예를 들면 이렇습니다. 외국인 앞에서 떨지 않고 영어를 잘하고 싶다는 작은 소망을 가졌던 대학생은 이후 영어 교육 콘텐츠를 만드는 회사의 팀장이 되었습니다. 중학교 시절 우연히 보았던 교회의 형처럼 멋지게 악기를 다루고 싶었던 한 꼬마는 20년 후에 필요한 모든 악기를 직접 연주하며 작곡을 할 수 있게 되었습니다. 자신의 책이 있는 이웃 블로거의 글을 보며 출판의 꿈을 꾸었던 30대 초반의 한 글쟁이는 몇 년 동안 열심히 노력하여 수 권의 저서를 집필했습니다. 아마 눈치채셨겠지만 앞서 언급된 3가지 사례는 모두 제 경험담입니다. 위의 예시에서 알 수 있듯이 무언가를 이루고 싶다는 열망은 사람을 움직이고 발전시키는 원동력으로 작용합니다.

   그런데 이런 마음이 부정적인 방향으로 작용하면 심각한 문제들이 발생합니다. 자신의 욕망을 채우기 위해 다른 사람을 희생시키길 주저하지 않고 목적을 달성하는 사람들이 늘어납니다. 사실 이런 사람들은 어디에나 있습니다. 다만 중요하게 생각해야 할 것은 권력이 강한 사람이 욕심을 가질수록 우리의 삶이 더 힘들어진다는 점입니다. 회사 내 같은 직급의 동료가 출세하고 싶은 욕망 때문에 나를 방해한다면 스스로의 능력으로 어느 정도 대응이 가능하지만 국가의 제도가 바뀌는 경우는 이게 불가능합니다. 내가 할 수 있는 일이라곤 몇 년 주기로 시행되는 선거에서 한 표를 행사하는 것 이외에는 없죠.

   이런 현상은 내 것을 지키고자 하는 사람의 욕심에서 기인합니다. 루소는 '인간불평등기원론'에서 사람이 불평등하게 된 시기를

'사유재산이 처음 성립한 때'로 정의했습니다. 루소의 주장에 따르면 사람들이 남보다 자신을 먼저 생각하게 된 계기도 이 때부터입니다. 내 것이 생겼으니 지켜야했기 때문입니다. 만약 누군가가 아무것도 하지 않고 가만히 있으면 쥐도 새도 모르게 다른 사람들이 다가와서 모든 것을 강탈해갔습니다.

마키아벨리는 이런 욕망이 가장 잘 드러난 사례로 아피우스를 들었습니다. 베르기니아 사건이라고도 불리는 이 사례는 미모의 여성을 차지하기 위해 권력자가 벌인 추악한 일이었습니다. 10인회의 수장이었던 아피우스는 베르기니아라는 미녀를 차지하기 위해 그녀를 자기 집안의 노예가 낳은 딸이라고 주장합니다. 로마법상 노예는 주인의 소유물이었기 때문에 만약 이 사실을 인정받는다면 그녀를 쉽게 차지할 수 있었죠. 이 사실을 안 그녀의 생부는 억울한 딸의 운명을 바꾸기 위해 재판정에서 변론을 하다 딸을 살해합니다. 명예를 지키기 위해 그가 택한 어쩔 수 없는 조치였습니다.

문제는 다음에 발생합니다. 로마의 시민들이 이 사건에 집단으로 반발한 것입니다. 그들은 거룩한 산인 베칠리우스로 올라간 뒤 모든 생산활동과 군복무를 거부했습니다. 사태를 진정시키기 위해 10인회의 대표는 시민들의 대표와 해결방안을 논의했습니다. 10인회는 그들이 이야기한 조건을 모두 들어주기로 결심했지만 한 가지 만큼은 할 수 없었습니다. 그 조건은 '10인회 전원이 공개화형을 당해야 한다'였습니다. 10인회는 결국 제안을 거절했습니다.

　우리는 이 사례를 통해 약자가 강자에게 어떻게 대응해야 하는지 파악할 수 있습니다. 약자가 지지 않는 상황을 만드는 건 개인의 능력으로 할 수 있는 일이 아닙니다. 결국 힘을 합쳐야 하죠. 로마의 시민들이 베르기니아 사건에 대처했던 전략처럼 말입니다. 다만 시민들이 힘을 가진 이후 10인회처럼 사악해졌다는 사실에 주목해야 합니다. 만약 그들이 힘이 없었다면 10인회의 구성원을 화형장에 보내려고 했을까요? 마키아벨리는 이 사례를 통해 모든 인간이 잠재적인 악당의 가능성을 품고 있다는 주장을 펼칩니다.

> "10인회 사건은 인간이 선량하게 태어났어도 또한 교육을 통해 교양을 갖추더라도 얼마나 쉽게 타락할 수 있는지, 또 얼마나 빨리 인품이 변할 수 있는지를 보여준다."

　슬프지만 이런 일은 현대에도 반복되고 있습니다. 가장 대표적으로 생각할 수 있는 것이 자본가와 노동자 사이에서 벌어지는 착취구조입니다. 산업혁명 초기만 해도 아이들은 하루에 15시간 이상 잠도 자지 못한 채 공장에서 일하면서도 생활에 필요한 돈을 벌지 못했습니다. 반대로 자본가들은 편하게 놀면서 큰돈을 손에 쥐었죠.

자본가들이 이렇게 할 수 있었던 이유는 그들이 노동자의 눈에 보이지 않는 세상의 구조를 파악하고 있었기 때문입니다. 창의적인 자본가는 거의 대부분 어떤 계기로 인해 노동자가 생각하지 못하는 구조나 원리를 먼저 발견하고 이 요소들의 이상적인 작동방식을 파악하며 등장합니다. 이들이 주목하는 부분은 '기존 사회에서 채워줄 수 없는 고유한 상품을 만드는 전략'입니다. 만약 이에 대한 정확한 답을 찾아내면 그 순간 이들은 사회에 이름을 날리는 명망 있는 기업가로 발돋움 할 수 있습니다. 이 과정을 수식으로 그려보면 다음과 같습니다.

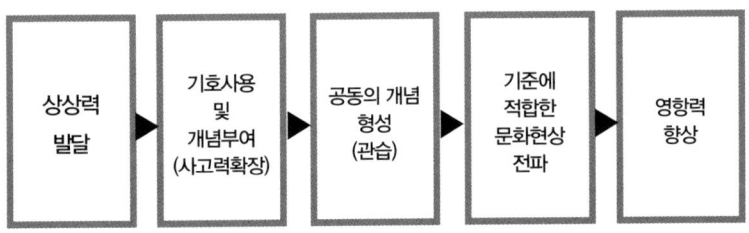

이스라엘 히브리대 역사학 교수이자 사피엔스의 저자인 유발 노아 하라리는 '인간이 다른 동물들에 비해 육체적 능력이 현격하

게 부족한데도 불구하고 지구를 지배하는 종족이 될 수 있었던 이유는 상상력을 통해 사람의 의식과 행동을 하나로 모았기 때문이다.'라고 말했습니다. 사람은 눈에 보이지 않는 것을 생각하고 만들 수 있습니다. 사실 우리가 누리는 문명의 혜택은 보이지 않는 것이 눈에 보이는 것으로 계속적으로 반복되며 형성된 결과라 보아도 무방합니다. 수많은 자기계발서가 상상력을 강조하는 이유도 이 때문이죠.

이런 상황에서 현대의 기업가는 사람들의 상상력 중 가장 강력한 힘을 발휘하는 욕망을 돈으로 바꾸기 위해 다방면으로 노력하고 있습니다. 가장 대표적인 것이 스타나 명사를 활용한 마케팅입니다. 사람들은 모두 지금보다 더 나은 인생을 맞이하길 원합니다. 이런 상황에서 티비 드라마나 인터넷을 통해 비치는 스타의 모습은 그들이 가길 원하는 이정표의 역할을 합니다. 비록 그 물건을 산다고 해서 스타처럼 멋있거나 예뻐지는 게 아니라는 사실을 알고 있음에도 불구하고 우리의 본능은 이성보다 강하게 작용합니다.

인터넷과 컴퓨터로 대표되는 빅 데이터 역시도 기업이 활용하는 방법 중 하나입니다. 기업은 온라인 사이트를 통해 사람들의 소비패턴과 심리를 분석한 뒤 자신의 자본을 가장 효율적으로 사용하기 위한 전략을 고민합니다. 기업 내에 데이터 분석 전문가가 있다고 가정했을 때 이 전략은 꽤 높은 확률로 성공합니다. 고객들이 잠재적으로 원할 것이라 예상되는 품목을 자동으로 추천할 수 있기 때문입니다. 이 과정을 통해 기업은 수익을 올리고자 했던 본래의 목적을 달성할 수 있죠.

그러나 우리가 생각해보아야 할 점이 있습니다. '과연 돈으로 사람의 모든 욕심을 채울 수 있을까요? 돈으로 모든 것을 살 수 있을까요?' 개인적으로 저는 이 질문에 부정적인 입장입니다. 대표적인 예가 바로 젠트리피케이션 현상입니다. 이색적인 풍경과 문화적 특이성을 기반으로 특정 지역이 유명해지면 이때부터 자본가들의 입김이 작용합니다. 일단 자신이 보유한 건물 주변이 유명해지면 세입자들이 부담해야 할 비용을 (월세나 보증금 등) 큰 폭으로 올립니다. 처음에는 이런 구조가 유지되지만 시간이 지나면서 이 지역을 빠져나가는 세입자들이 증가합니다. 원래 그 자리를 지켰던 사람들은 조금씩 자취를 감춥니다. 결국 그 지역은 대기업이 주도하는 프랜차이즈 업체를 포함하여 자본력을 갖춘 기업이나 개인이 차지합니다. 문화를 돈으로 환산하려는 사람들의 욕심이 만들어낸 비극입니다.

이런 사태가 발생하는 근본적인 원인은 '시장이 모든 것을 해결한다는 생각' 때문입니다. 사실 현대를 살아가는 모든 사람들의 소망은 '돈 걱정하지 않는 행복한 삶을 누리는 것'입니다. 그렇기 때문에 돈이 기능하는 시장을 신뢰하고 이곳에서 승자가 되기 위해 다방면으로 노력합니다. 그런데 처음부터 가진 자본이 다르기 때문에 공정한 경기가 될 수 없습니다. 그러나 돈이 많은 사람이라고 해서 욕심이 없는 것은 아니기 때문에 게임은 거의 부자들의 승리로 끝납니다. 이런 사회의 틀을 바꾸기 위해 수많은 사람들이 노력했지만 아직까지 사회는 크게 바뀌지 않았습니다.

   시장만능주의 하에서 도덕이 없는 시장은 매우 악랄한 방식으로 작용합니다. 욕심을 채우기 위해 가장 효율적인 수단을 활용하며 개인이 처한 환경을 전혀 고려하지 않기 때문입니다. 물론 자신이 받은 것을 사회에 환원하는 기업의 수도 상당수라는 사실을 부인하기는 어렵습니다. 하지만 지금 상황에서 주목해야 할 것은 전체적인 분위기입니다. 애석하게도 우리나라에서는 좋은 소식보다 나쁜 소식이 더 많이 들립니다. 하루가 멀다 하고 들리는 기업 오너의 갑질 문제부터 시작하여 거래처 단가 후려치기, 일감 몰아주기 등 다양한 악습이 사회에 뿌리내리고 있죠. 대외적으로는 공정한 룰로 경쟁한다는 말이 오고 가지만 자세히 살펴보면 거의 대부분은 자신이 확실하게 승리할 수 있는 패를 숨깁니다. 이런 상황에서 욕심없이 자신이 할 일을 열심히 하면 복을 받는다는 허황된 얘기는 그다지 설득력이 없습니다.

   그렇기 때문에 우리는 가급적이면 마음에 있는 욕심을 '자신의 역량과 경력을 발전시키는 촉매제'로 활용해야 합니다. 다른 사람이나 물건을 대상으로 한 욕심은 단기적으로 볼 때 스스로의 영향력을 향상시키며 상대적 우월감을 뽐내는데 도움이 되기도 합니다. 그러나 이런 태도는 궁극적으로 보았을 때 자신에게 악영향을 미칩니다. 행복의 원인을 자신이 아니라 타인에게서 찾기 때문입니다. 다른 사람과 비교하며 자신의 욕심을 내비치는 사람들은 거의 대부분 인생을 바꾸지 못합니다. 그러나 욕심을 자신의 능력을 발전시키는데 활용하는 사람들은 다릅니다. 이들은 부족한 것을 찾고 보완하여 결국 스스로에게 유리한 환경을 구축하고 큰 성공을 거둡니다. 우리가 본받아야 할 태도는 후자입니다. 우리는 사회적 구조의 측면에서 욕심을 생각하기 보다는 (남이 가진 것을 부러워하기 보다는) 자신에게 주어진 능력을 확인하고 발전시키는 것에 욕심을 부려야 합니다. 욕심을 생산적으로 사용할 수 있는 방안은 이런 방향으로 구현되어야 합니다.

토론 수업 3

어떻게 생존할 것인가?

올바른 규율과 뛰어난 역량을 갖추어라

사회에서 잘 살아남고 영향력을 키우는데 필요한 요소는 무엇일까요? 먼저 이를 국가의 입장에서 진단한 마키아벨리의 의견을 살펴보도록 합시다.

"공공의 복리를 염두에 둔 위정자들은 나라를 확장하는 데 관심이 있든 아니면 현상 유지에 관심이 있든 간에 나라를 어떻게 다스려야 하는지를 잘 알게 될 것이며, 또한 다음과 같은 점을 믿게 될 것이다. 즉, 그들 도시의 주민 수가 증가하고 자신을 위해 속국이 아닌 동맹국을 두며 정복한 국가를 지키기 위해 식민지를 세우고, 전리품으로 국고를 충실히 하며 포위작전보다는 기습작전과 전투를 통해 적을 굴복시키고 국고를 풍요롭게 하되 개개인은 검소하게 만들며 최고의 열정을 갖고 군사훈련을 지원하는 것이야말로 공화국을 위대하게 만들고 대제국을 건설하는 진정 올바른 길이라는 사실을 말이다."

이 문구를 보면 '부자가 되는 방법'이 자연스레 떠오릅니다. 전문가가 주장하는 부자되기 전략은 생각보다 간단합니다. '소비를 줄이고 수입을 늘리면' 되기 때문입니다. 예문에서 제시된 '국고를 충실히, 개인은 검소하게'와 부합되는 부분이라 할 수 있습니다. 개인의 삶을 바꾸는 방식도 이와 비슷하게 진행됩니다. 무언가를 생산할 수 있는 공부(글쓰기, 프로그래밍, 기술, 발명 등)를 지속적으로 하는 사람과 그렇지 않은 사람을 비교해봅시다. 처음에는 그다지 차이가 없을지 모르겠지만 시간이 지나면서 이들의 인생은 전혀 다른 방식으로 전개됩니다. 평범한 사람은 대개 다른 사람이 생각해낸 아이디어를 구현하는데 자신의 시간과 열정을 투자합니다. 그러나 창의적인 사람은 반대입니다. 이들은 자신이 원하는 것을 스스로 생산할 수 있는 능력이 있기 때문에 다른 사람을 위해서 일하지 않습니다. 한 곳에 소속되어 남의 일을 대신 해주는 것으로 성공하는 사람은 많지 않습니다.

일반적으로 사람이 발전하려면 소비보다는 생산을 통해 새로운 가치를 창출할 수 있어야 합니다. 뭔가를 만들어내는 행위는 생각의 깊이를 더 하고 다른 사람들과 차별성을 가질 수 있도록 돕습니다. 그러나 이는 쉽지 않습니다. 어떻게 해야 이 목적을 달성할 수 있는지에 대한 경험이 전혀 없기 때문입니다. 그렇기 때문에 전문가들은 습관을 통해 작은 성공을 축적하며 궁극적인 목표에 도달하는 전략을 제공합니다. 블로그나 YouTube 등의 온라인 솔루션이 유명해진 것은 이 때문입니다. 예전에는 콘텐츠를 제작하는 일이 매우 힘들었습니다. 비싼 장비와 전문성이 있어야 했기 때문입니다. 그러나 요즘은 다릅니다. 인터넷 기반의 다양한 플랫폼을 통해 글이나 동영상 자료를 생산하는 사람들이 늘어나면서 이전에는 볼 수 없었던 다양한 가치가 생산되고 있습니다.

이런 상황에서 우리가 생각해야 할 것은 내가 생산한 가치를 잘 지킬 수 있는지의 여부입니다. 이 목적을 달성하려면 규모와는 상관없이 우리의 능력을 그대로 두지 않고 끊임없이 발전시키는 자세를 지녀야 합니다. 한계가 정해져 있는 능력은 생명력이 길지 않습니다. 익숙하지 않은 상황에 지속적으로 자신을 노출시키며 다양한 환경에서도 지닌바 능력을 발휘할 수 있도록 훈련이 되어있어야 한다는 뜻입니다.

> "내가 이전에 확장을 위한 체제정비와 현상유지를 위한 체제정비의 차이를 논했을 때 말한 바와 같이 공화국이 그 좁은 경계 안에 멈추어 있으면서 자유를 누리기란 불

가능하다. 왜냐하면 그 공화국이 다른 국가들을 괴롭히지 않더라도 괴롭힘을 당하게 마련이며 이처럼 괴롭힘을 당하는 데서 팽창에 대한 욕구와 필요가 생겨나기 때문이다."

이런 현상은 현대사회에서도 같은 양상으로 나타납니다. 누군가가 새로운 이론을 바탕으로 명성을 얻었다고 해서 그 영광이 평생 지속되지는 않기 때문입니다. 연구하는 사람이 더 이상 공부하지 않으며 새로운 가치를 생산하지 않는다고 가정해봅시다. 그 연구자를 좋아할 사람은 아무도 없을 것입니다. 학문의 계보를 새롭게 정립했을 때에는 명성을 얻을 수 있을지 모르지만 시간이 지나면서 그 사람에게서 드러나지 않았던 본래의 가치를 모두가 깨닫기 때문입니다. 노력하지 않으면 영광은 지속되지 않습니다. 이런 태도는 개인에게 있는 마음가짐과도 연관이 있습니다. 마키아벨리 역시도 이 주장에 동의합니다.

"만약 공화국 외부에 적이 없다면 위대한 국가들에서 늘 필연적으로 일어나게 마련이듯, 국내에서 적을 발견하게 된다."

역사를 살펴보면 변하지 않고 반복적으로 발생하는 일이 있습니다. 올바르게 잡힌 규율을 무시하며 개인이나 집단의 영향력을 확장시키려는 사건이 가장 대표적입니다. 그렇기 때문에 권력자의 입장에서는 이들을 견제할 목적으로 계속해서 법과 규칙을 바꿉니다. 이렇게 바뀐 규칙은 일정기간 동안에는 그 효력을 발휘하지만 일정 시점이 되면 또 누군가에 의해 악용됩니다. 끝이 없는 순환과정이라고나 할까요?

올바른 마음으로 인생을 경영할 원칙을 세운 개인 역시도 이 법칙에서 벗어날 수 없습니다. 삶의 원칙을 무너트리는 가장 무서운 적은 내부에서부터 옵니다. 편안한 상태를 유지하려는 마음과 게으름이 이런 상황에 해당됩니다. 이런 위험에서 벗어나려면 지속적으로 자신의 생활습관을 점검하고 빠진 것이 없는지 잘 살펴야 합니다.

뛰어난 규율과 역량이 중요한 이유는 이 요소가 개인을 일반적인 틀에서 벗어날 수 있도록 돕는 힘을 만들어주기 때문입니다. 대개 군인의 경우 규칙적인 생활과 운동을 하면서 튼튼한 몸을 만듭니다. 마찬가지로 우리 역시도 잘 짜여진 계획을 충실히 수행하면 개인의 역량을 큰 폭으로 발전시킬 수 있습니다. 다만 여기서 중요하게 생각해야 할 것은 이 규칙을 자율적으로 수행할 수 있는 역량이 개인에게 있는지의 여부입니다. 강제적인 규율도 개인에게 효과가 있지만 장기적으로 보았을 때 반드시 이 방식이 좋다고 할 수는 없기 때문입니다.

    그러므로 우리는 뛰어난 규율과 역량을 갖추기 위해 노력해야 합니다. 특히 요즘은 옛날과 다르게 육체적으로 피해를 주는 방식보다는 개인의 재정적 상황이나 정신적인 요소를 공격하는 전략이 더 많이 사용됩니다. 이러한 위험요소들 속에서 우리는 어떤 가치를 추구해야 할까요? 다양한 방식으로 고민하고 치열하게 이를 실천하며 자신을 발전시킬 수 있도록 노력하는 자세를 지니고 있다면 이 세상을 훨씬 의미있게 살아갈 수 있지 않을까 생각합니다.

위험을 감수하고 좋은 질서를 도입하라

완벽한 규칙은 있는가?

살아가는데 있어 질서는 매우 중요한 요소입니다. 만약 우리에게 규칙이 없다면 사회는 제 기능을 하지 못할 것입니다. 강한 사람에게 모든 부가 집중되기 때문입니다. 이런 상태라면 국가의 존재의미조차 희미해집니다. 그렇기 때문에 우리는 좋은 질서를 도입하는 일에 많은 관심을 기울여야 합니다. 그렇지 않으면 주변 곳곳에서 불합리한 일이 많이 발생할 것입니다.

예를 들면 이렇습니다. 공장을 운영하는 두 사람이 있다고 가정을 해봅시다. 먼저 A는 재산이 많은 금수저입니다. 그는 별로 어려움 없이 돈을 투자하여 자신이 원하는 공장을 만들었습니다. 반면에 B는 공장을 짓기 위해 퇴직금을 포함한 자신의 전 재산을 투자했습니다. 공교롭게도 두 공장에서 생산하는 제품은 빵이었습니다. 자연스럽게 이 둘은 소비자를 놓고 경쟁하는 관계가 되었습니다.

이 상황에서 유리한 것은 A입니다. 그는 돈이 많기 때문에 B가 망할 때까지 가격을 할인할 수도 있고, 자신이 가진 돈을 바탕으로 추가자본을 조달하기도 쉽습니다. 반면에 B는 공장을 운영하기 위해 사력을 다해야 합니다. 빚이 많기 때문에 자본확보가 어렵고 이 때문에 판매실적이 좋지 않을 경우 직원들의 월급을 걱정해야 하는 상황에 처합니다. 가격 경쟁력을 갖추는 것도 쉽지 않은 문제입니다. 마케팅을 할 예산이 부족합니다. 성과가 바로바로 나오지 않으면 초조해집니다. 그렇기 때문에 만약 누군가가 이 두 사람의 관계를 정리 해주지 않으면 항상 이기는 쪽은 먼저 힘을 가진 사람이 됩니다. 대개 이 역할은 국가가 맡아서 담당하고 있습니다. 그 형태에 따라 수정 자본주의나 신자유주의라는 이름이 주어집니다.

그렇다면 어떤 방식의 질서를 도입하는 것이 좋을까요? 많은 사람들이 이 질문에 대한 답을 자신 나름대로의 이론을 곁들여 정리했습니다. 마키아벨리 역시도 이 문제를 고민했던 것 같습니다. 다음의 내용이 이를 증명하는 문구입니다.

"도시들은 그 다양한 기원만큼이나 다양한 법과 제도를

구비해왔다. 어떤 도시들의 경우에는 창설 당시 또는 그 직후, 어떤 한 인물에 의해 법률이 단 한 번에 제정되었는데, 예를 들어 스파르타에서는 리쿠르고스에 의해 법률이 제정되었다. 반면에 다른 도시들은 예측하지 못한 사태가 발생했을 때, 우연히 그리고 여러 차례에 걸쳐 법률을 정비하게 되었다. 이는 바로 로마의 경우이다. 신중한 지도자를 배출하여 그가 제정한 법률을 개정할 필요를 느끼지 않고 그 법률 아래서 백성들이 안전하게 살 수 있는 국가는 진정 행복할지어다. 예를 들어 스파르타는 건국 당시의 법률을 훼손시키지 않고 또 어떠한 위험스러운 분란도 없이 800년 이상이나 그 법률을 준수했다."

그가 주장했던 가장 이상적인 제도는 "수정할 필요가 없는 완벽한 형태를 띤 규칙체계"였습니다. 위에서 언급된 바와 같이 스파르타가 대표적인 사례였습니다. 그러나 이때와 지금은 상황이 많이 다릅니다. 고대는 지금처럼 사람들이 생각해야 할 규칙이 많지 않았습니다. 배워야 할 내용도 적었죠. 그렇기 때문에 마키아벨리가 주장했던 것처럼 완벽한 규칙을 만들기란 불가능합니다. 그 역시도 이를 인정한 탓인지 다음과 같은 절충안을 언급했습니다.

"질서가 완벽하지는 않지만 좋은 출발을 했고 개선의 여지가 있는 도시는 적절한 기회를 제공하는 어떤 사태가 일어난다면 완벽해질 수 있다. 하지만 그들은 어떤 위험을 감수하지 않고는 좋은 질서를 결코 도입할 수 없다는 점에 주목해야 한다. 왜냐하면 어떤 필연성에 의해 새로운 법률이 요구된다는 점을 강제로 깨닫지 않는 한 국가의 새로운 질서를 도입하는 그러한 법률을 환영하는 사람들은 거의 없기 때문이다. 그리고 그러한 필연성은 으레 위험을 수반하기 때문에 국가는 새로운 질서가 완성되기도 전에 쉽게 파멸할 수도 있다. 피렌체 공화정의 역사는 이점을 잘 입증한다. 왜냐하면 1502년 아레초 반란으로 인해 그 공화정이 재정비되었지만 1512년 프라토의 약탈과 함께 그 체제가 전복되었기 때문이다."

이 문구에서 주목해야 할 내용은 올바른 제도를 도입하기가 매우 어렵다는 점입니다. 그 이유는 사람이 자신에게 익숙해진 것들을 버리려 하지 않기 때문입니다. 마키아벨리가 위험을 감수하지 않으면 좋은 제도를 도입하기가 어렵다고 하는 이유도 이 때문입니다. 이러한 성향은 개인과 사회 모두에게 적용됩니다. 거의 대부분은 변화를 크게 달가워하지 않습니다.

그렇기 때문에 전문가들은 자신 주변의 생활습관 중 작은 부분부터 바꾸며 이를 통해 일어나는 변화를 관찰하는 일을 추천합니다. 만약 그때 변화가 긍정적이라면 다른 부분에도 같은 방식을 적용할 수 있습니다. 무리 하지 않으면서도 인생을 바꿀 수 있는 가장 효과적인 방법입니다. 스위치의 저자인 히스 형제는 이 사례를 설명하기 위해 5분 청소를 언급합니다. 일단 청소를 5분만 시작하면 그것만으로도 방의 분위기가 바뀔 수 있다는 내용이 핵심입니다.

기업에서도 이런 방식은 비슷하게 적용됩니다. 다만 차이점이 있다면 기업에서는 변화를 도입하는 근거로 데이터를 활용한다는 것입니다. 이는 다른 말로 '그로스 해킹(Growth hacking)'이라고도 합니다. 이 개념은 주로 마케팅에서 활용되는 전략입니다. 그로스 해킹은 빅데이터에 의해 가시화된 막대한 유저의 정보를 기반으로 메시지 및 서비스를 끊임없이 반복적으로 개선하여, 고객을 늘리는 접근 방식을 철저하게 검증하면서 최적의 방법을 추구한다는 특징이 있습니다. 쉽게 설명하자면 그로스 해킹은 인터넷에 있는 많은 데이터를 분석하여 해당 기업에게 가장 효율적인 실행방안을 도출하는 전략입니다. 그리고 이후의 추이를 살피며 전략을 조금씩 수정하는 방향으로 진행됩니다. 가장 대표적인 업체로 거론되는 곳은 아마존입니다. 그들은 가격을 올리는 방식, 회원에게 제시하는 상품 추천 페이지, 구매절차와 같은 내용을 설계할 때 이전까지 그들이 수집한 데이터를 활용합니다. 그리고 더 좋은 서비스를 출시하죠.

이런 전략은 개인 역시도 활용할 수 있습니다. 만약 누군가가 소화불량으로 고생하고 있다는 가정을 해봅시다. 그는 병의 원인을 다양한 방식으로 진단할 수 있습니다. 병에 영향을 줄 수 있는 음식, 몸의 자세, 식사시간, 운동습관 등의 지표를 먼저 결정합니다. 이후 해당 요인을 한 가지씩 바꾸며 자신의 몸에 어떤 변화가 생기는지 관찰합니다. 먹는 음식을 바꿨을 때 어떤 변화가 생기는지, 식사를 오래하면 몸이 어떻게 변하는지, 운동을 하면 피곤하지는 않은지 등의 요소를 종합하는 과정이 이에 포함됩니다. 모든 내용을 차례로 확인한 뒤 그는 자신에게 필요한 이상적인 생활습관을 스스로 만들 수 있습니다. 또한 다른 영역에도 이런 원리를 적용할 수 있게 되죠.

마키아벨리가 강조한 바와 같이 예전에는 어떠한 전략을 도입하려면 위험을 감수해야만 했습니다. 그러나 저는 이 글을 있는 여러분들이 위험을 감수하는 걸 원하지 않습니다. 오히려 실패 요소를 사전에 발견하고 제거하며 성공 가능성을 높이도록 노력하는 방향이 훨씬 생산적입니다. 먼저 내 주변의 안좋은 습관을 확인해 봅시다. 그리고 일을 조금씩 수정하며 자신에게 적합한 전략을 찾아 나가시길 바랍니다. 진행 현황을 확인하고 효과적인 방법을 고민하며 주어진 것을 조금씩 바꿀 때 우리는 이전보다 더 발전할 수 있습니다. 우리 주변에서 발생하는 다양한 현상과 이를 통해 얻을 수 있는 데이터에 집중합시다. 그 가운데 일정한 규칙을 발견한다면 우리가 세운 전략은 큰 폭으로 발전할 것입니다.

모든 사람이 좋아하는 변화는 없다

'조물주보다 건물주'라는 말이 있습니다. 한국에서 건물을 보유하고 있다는 사실은 곧 그가 부자라는 것을 의미합니다. 그런데 여기서 드는 의문이 있습니다. 우리 주변을 보면 건물이 참 많은데 그 건물의 주인은 다 어디에 있는 것일까요? 이들의 일상은 철저히 비밀에 가려져 있습니다. 그들 중 일부의 드러난 삶을 보면 공통점을 찾기가 쉽지 않습니다. 중산층의 삶을 누리는 사람들도 있고, 시장에서 야채를 팔고 있는 경우도 있죠.

그러나 잘 살펴보면 이들에게도 공통점은 있습니다. 대개 권력자들은 자신의 힘이나 비밀이 밝혀지는 것을 극도로 두려워합니다. 다른 사람들에게 빌미를 제공할 수 있는데다 자신이 누리고 있는 권력을 잃어버릴 가능성도 있기 때문입니다. 이런 이유로 그들은 자신들에게 불리한 상황이 발생할 것 같으면 그 가능성을 애초에 차단합니다. 이런 현상이 가장 많이 발생하는 곳은 국회입니다. 당연한 일입니다. 법을 제정하는 곳은 자신들의 상황을 유리하게 끌고 갈 수 있는 최적의 장소입니다.

그러나 이를 반대의 입장에서 생각해봅시다. 앞에서 언급한 현상은 세상의 규칙을 바꾸고자 하는 사람들에게도 적용되는 부분입니다. 대중에게 유리한 제도를 도입하면 권력자들의 입지가 약해지기 때문입니다. 그 원리는 간단합니다. 만약 누군가가 시민들에게 도움이 되는 제도를 수립했다고 가정해봅시다. 권력자들은 이 제도를 통해 금전적으로 손해를 보지 않을지도 모릅니다. 그러나 대중의 입장은 다릅니다. 그들은 자신에게 유리한 무언가를 만들어 준 사람에게 고마움을 느끼고 이전까지 권력자들에게 보냈던 지지를 철회합니다. 금전적인 손해를 보지는 않았지만 자신의 권력기반이 약해졌으니 어떤 방식으로 생각하더라도 이는 권력자에게 손해입니다.

조선시대에 김육이 제시한 대동법 역시 같은 맥락에서 이해할 수 있습니다. 대동법의 목적은 올바른 조세제도 정착이었습니다. 대동법을 시행하기 전까지 조선시대의 세금은 각 지역의 특산물이었습니다. 문제는 각 지역에서 바쳐야 할 특산물이 그곳에서 생산되지 않는 물품이었다는 점이었습니다. 이런 문제가 생기자 지방에서는 납부해야 할 특산품을 대신 수도로 보내고 농민들에게 그 대가를 받기 시작했습니다. 당연히 이는 평범한 농민이 쉽게 지불할 수 없을 만큼 큰 규모였습니다. 게다가 이렇게 중간에서 가로채는 사람들이 늘어나면서 국가의 수입도 크게 줄었습니다. 전체적으로 제도를 개편하지 않으면 해결하지 못할 정도로 심각한 상황이 된거죠. 이에 대동법을 주장한 김육은 다른 기준을 제시합니다. 이는 토지의 넓이에 근거하여 쌀로 세금을 내는 방식이었습니다.

이 조치에 가장 격렬하게 반대한 사람은 기득권층이었습니다. 간단하게 말하면 대동법은 땅이 많은 사람이 불리한 구조입니다. 토지를 기준으로 세금이 부과되었기 때문입니다. 계산 방법이 명쾌했기 때문에 예전처럼 편법을 부릴 수 있는 여지가 많이 줄어들었습니다. 이런 사실은 자신의 영향력이 약해진다는 사실을 의미합니다. 당연히 이들은 대동법을 반대할 수밖에 없었습니다. 눈뜨고 코베이기는 싫었을 것입니다. 그들의 입장에서 대동법은 마음대로 사용할 수 있는 돈을 빼앗기는 것과 같았습니다.

세금은 내는 사람이 감시하지 않으면 권력층에 의해 마음대로 사용될 수 있다는 단점이 있습니다. 이는 우리나라 뿐 아니라 세계 여러 곳에서도 비슷하게 발생하는 일입니다. 그들이 세금을 사용하는 목적은 다양하지만 결론은 하나로 귀결됩니다. 바로 기득권 유지입니다. 국가의 돈을 자신의 지역구에 가져다주면 주민들의 환심을 얻습니다. 이는 다음 선거에서 그들에게 유리한 요소로 작용합니다. 반대로 특정한 제도가 시행되며 기존의 프레임이 해체되면 기득권층의 권력 구조가 붕괴될 위험이 있습니다.

특히 가장 위험한 것은 다른 누군가에 의해 자신의 민낯이 적나라하게 드러나는 일입니다. 만약 이런 일이 발생하면 기득권층이 지금까지 쌓아 올린 신뢰가 모래성처럼 허물어집니다. 조선시대에도 이런 일이 있었습니다. 정조가 다산 정약용에게 명했던 식수 조사가 바로 그것입니다. 7년 동안 진행된 나무 심기 작업의 논공행상(공을 정확하게 가려 상을 주는 일)이 그 목적이었습니다. 다산은 고을 별로 심은 나무의 수와 기간 등의 내용을 빠른 시간에 파악해야 했습니다.

다산은 먼저 나무 심기와 관련된 공문을 모두 모았습니다. 이후 공문을 날짜별로 분류하고 표를 만들어 나무의 종류와 심은 날짜, 심은 나무의 개수 등을 기록했습니다. 이후 다산은 고을 별로 정리된 데이터를 한 장의 보고서로 만들었습니다. 가로 칸에 고을 이름, 세로 칸에 연도, 교차된 칸에 고을별로 정리한 나무 수의 연도별 합산 결과를 옮겨 채웠죠. 오늘날 볼 수 있는 엑셀 서식의 형태입니다. 200년 전에 이런 생각을 했다는 것이 정말 놀라울 따름입니다.

그러나 이런 그의 깔끔한 일처리는 모두에게 환영 받지는 못했습니다. 결과를 받아본 왕은 어떤 생각이 들었을까요? 아마 정약용의 업적을 칭찬함과 동시에 그동안 일을 비효율적으로 집행한 관리들의 무능함을 질타했을 것입니다. 그러므로 기득권층은 정약용이 달갑지 않습니다. 파벌을 형성하고 그를 고립시킬 방안을 함께 모여 고민했겠죠. 세종대왕이 한글을 창제했을 때도 상황은 비슷하게 진행되었습니다. 한글이 나올 때 가장 반대했던 계층은 양반이었습니다. 그들의 입장에서 보면 지식은 공유되어서는 안 될 위험한 것이었습니다. 내가 알고 있는 것을 다른 사람도 알게 된다는 사실은 그들의 지위가 이제 더 이상 안정적이지 않다는 걸 의미합니다. 당연히 저항도 격렬해질 수밖에 없었습니다. 자신을 보호하기 위한 극단의 조치였다고 볼 수도 있습니다.

다시 대동법의 이야기로 돌아와 보겠습니다. 이처럼 우여곡절이 많은 제도인 대동법은 결국 반대를 무릅쓰고 시행되었습니다. 그 결과는 놀라웠습니다. 먼저 세금이 토지를 기준으로 부과되었기 때문에 농민들의 부담이 크게 줄었습니다. 반대로 토지를 가진 양반들의 세금은 증가했죠. 부담이 줄어든 평민 계층이 다른 곳에 눈을 돌리면서 물자의 교류가 활발해짐과 동시에 상업이 발전할 토대가 마련되었다는 점도 대동법의 긍정적인 영향 중 하나입니다.

우리는 앞의 내용을 통해 세상에 적용된 규칙 하나가 엄청난 결과를 불러일으킨다는 사실을 확인했습니다. 만약 그렇다면 우리 역시도 삶을 이끄는 원칙을 다시 한 번 잘 생각해보아야 합니다. 부족한 것이 있으면 개선하고 더 좋은 결과를 마련할 수 있도록 필요한 전략을 구축해야 한다는 뜻입니다. 우리는 규칙을 너무 등한시하는 경향이 있습니다. 습관의 힘을 믿지도 못하죠. 그러나 성공한 사람들을 면밀히 살펴보면 모두 규칙과 습관을 중요하게 여겼습니다. 우리가 잘 알고 있는 벤자민 프랭클린은 자신이 지켜야 할 가치를 13가지로 구분하고 이를 매주 하나씩 선정하여 그 결과를 평생 메모하는 습관을 통해 위대한 인물의 반열에 오를 수 있었습니다. 그와 우리가 달랐던 점은 단 하나 올바른 규칙을 실천했는지의 여부입니다. 지금 여러분의 삶을 관통하는 원칙은 무엇입니까? 그리고 그 원칙을 생활에서 실현하기 위해 어떤 습관을 만들어가고 있습니까? 이는 우리의 인생을 결정하는 중요한 요소입니다.

상대를 위협할 수단을 갖추어라

안전장치는 어디에서나 필요하다

아프리카의 사자는 매우 강합니다. 무서울 것이 없죠. 이들은 자유롭게 초원을 떠돌며 먹이를 사냥합니다. 그렇기 때문에 주변의 초식동물은 항상 경계태세를 유지합니다. 만약 이들이 집중력을 잃는다면 생명을 위협하는 위기가 찾아옵니다. 힘이 없는 존재는 언제나 서럽습니다.

그런데 잘 살펴보면 우리가 약자라고 생각하는 초식동물에게도 자신을 지킬 방법이 하나씩은 있습니다. 만약 그렇지 않다면 정글에서 살아남을 수 없기 때문입니다. 딱히 특별한 강점이 없는 동물들은 일행의 일부를 사자나 치타에게 던져주면서까지 종을 보호하기도 합니다. 정글의 세계는 매우 냉정합니다. 위협할 수단이 없는 동물의 생존은 이처럼 힘겹습니다.

인간이 동물과 다른 점은 앞서 말한 일을 방지하기 위해 법체계를 갖추고 있다는 것입니다. 상대적으로 약자의 위치에 있는 사람들은 국가로부터 돈이나 서비스 등의 다양한 복지를 지원받습니다. 인간답게 살기 위한 최소한의 지원인 셈이죠. 이처럼 사회적 약자를 위해 쓰이는 돈은 나라별로 차이가 있는데 대개 유럽 쪽은 이 금액이 높고(사회민주주의) 미국과 동양(신자유주의)에서는 낮습니다.

그렇다면 한국에 살고 있는 사회적 약자가 택해야 할 전략은 무엇일까요? 주변을 보면 다양한 요인으로 인해 불이익을 받는 사람들의 숫자가 많습니다. 제도의 지원을 받지 못하거나 직장생활에서 불이익을 당하는 등 그 종류는 셀 수 없을 정도로 많습니다. 특히 이런 일은 회사에서 주로 발생합니다. 근로자를 보호하기 위한 규정이 있음에도 불구하고 이 조항이 지켜지는 일은 드뭅니다. 금융위기로 불리는 1998년 IMF시기를 기점으로 고용유연성이 향상되면서 회사는 직원을 쉽게 해고할 수 있게 되었습니다. 당연히 그 피해는 고스란히 회사에 다니는 직원들에게 전해졌죠.

그렇기 때문에 우리는 왜 이런 현상이 생겼는지 분석하고 자신에게 유리한 상황을 구축하는 현명한 전략을 활용해야 합니다. 먼저 생각해보아야 할 문제는 '사람들은 왜 부와 권력을 탐하는가?'입니다. 이는 현대사회를 이해하는데 매우 중요한 키워드입니다. 마키아벨리 역시 이를 중요하게 생각했습니다. 그의 의견은 이렇습니다.

"피해는 공포를 낳고, 공포는 방어하고자 하는 욕구를 낳고, 이는 파벌로 발전한다. 파벌로부터 국가의 당파가 생기고, 이로 인해 국가는 파멸된다. 그러나 사태가 공적인 권위를 갖는 인물에 의해 수습되었기 때문에, 만약 그것이 사사로운 세력에 의해 처리되었더라면 일어났을 법했던 모든 해악을 피할 수 있었던 것이다."

간단하게 요약하면 사람들을 움직이는 핵심 요소 중 하나는 '자신에게 돌아오는 피해'입니다. 인간은 누구나 즐겁고 행복하게 살고 싶어합니다. 손해는 감수하지 않으려 하죠. 그렇기 때문에 다양한 방법을 사용해서 이 위험을 최대한 제거하려 합니다. 앞서 언급된 마키아벨리의 말을 인용하자면 국가의 위험을 수습할 '공적인 권위를 갖는 인물'이 모두에게 있다는 의미로도 해석할 수 있습니다.

문제는 이런 공적인 권위를 갖는 인물이 강자의 편을 들 때가 많다는 점입니다. 이는 국가에서 법을 만드는 사람이 강자이기 때문입니다. 강자가 힘을 유지할 수 있는 가장 큰 이유는 그들에게 유리한 체계를 스스로 구축할 수 있기 때문입니다. 만약 이들이 도덕성까지 상실한다면 세상은 약자에게 매우 가혹합니다.

그렇기 때문에 우리는 세상을 치열하게 살아가야 합니다. 사실 저는 인생을 편안하게 살고 싶습니다. 유유자적하며 세상에 맞서지 않고 원하는 바를 실천하는 그런 삶 말입니다. 허나 세상은 우리를 이렇게 살도록 허락하지 않습니다. 항상 세상은 내 뜻대로 흘러가지 않죠. 그러나 반면에 가치있고 아름다운 순간도 있습니다. 그 순간을 발견하려 많은 사람들이 노력합니다. 그러나 이는 생각만큼 잘 되지 않습니다. 사람들의 순수함은 권력자의 탐욕으로 인해 빛을 잃습니다. 정도보다는 편법을 찾고, 자신의 이익을 위해 다른 이들을 쉽게 희생시킵니다. 약자들은 이들의 횡포에 맞서기 위해 힘을 결집합니다. 이에 대한 마키아벨리의 의견은 다음과 같습니다.

> "어떤 도시에 있는 한 당파가 외국 세력의 도움을 요청할 때는 언제나, 분명히 그 도시의 나쁜 제도가 원인이다. 도시의 성벽 안에서 불법적인 수단에 호소하지 않고는 사람들의 마음에 솟구치는 울분을 발산할 수 있는 방책이 없기 때문이다. 이는 많은 수의 재판관 앞에 탄핵을 제기할 수 있는 제도를 마련함으로써 충분히 대처할 수 있다."

위의 내용이 가장 잘 들어맞는 사례는 노동조합입니다. 산업혁명을 기점으로 공장이 활성화되던 시절 가장 문제가 되었던 것은 아이에게 부담된 엄청난 노동시간이었습니다. 근로기준법이 존재하지 않았던 시절이었기 때문에 자본가는 노동자를 최대한 쥐어짤 수 있었습니다(도시의 나쁜제도). 그렇기 때문에 이후 노동자는 연합하여 한 목소리를 내기 시작했습니다. 근로환경을 개선하고 업무시간을 줄여달라는 등의 내용이 그 요구조건(재판관 앞에서 탄핵제기)이었습니다. 이후 그 안은 받아들여졌고 시간이 흘러 지금과 같은 형태의 노동형태가 성립되었습니다. 물론 지금도 개선해야 될 내용이 있기 때문에 다양한 곳에서 조합활동을 하고 있습니다. 권리를 찾기 위해 약자들의 힘을 합친 좋은 사례 중 하나입니다. 그러나 자신들의 이익을 지키기 위해 회사에 무리한 내용을 부탁하는 일은 없어야겠습니다. 그러면 주장의 정당성을 잃어버릴테니까요. 만약 이를 계속 밀어붙인다면 그들은 귀족노조라는 오명을 벗어던지기가 어렵게 될 것입니다.

　이와 같은 내용을 통해 우리는 어떤 생각을 가져야 할까요? 회사에 소속되어 주어진 일을 하는 직장인이 있다고 가정해봅시다. 그가 회사에서 살아남을 수 있는 방법은 회사에서 자르지 못하도록 능력 또는 인복을 갖추거나 스스로 사업체를 꾸리는 것입니다. 허나 후자의 방법은 많은 사람들이 위험하다고 말합니다. 그래서 어떻게든 자신이 일하는 곳에서 오래 버티려고 여러 가지 전략을 구사합니다. 전문성을 기르려 새벽시간을 투자해 공부하는 직원이 있는가 하면 관계성을 향상시키려 저녁 술자리에 빠지지 않는 사람도 있죠. 반대로 회사는 직원이 필요 없다는 생각이 들면 다양한 방식을 활용합니다. 일을 주지 않고 한직으로 발령을 내거나 잘하지 못하는 업무를 주며 못한다고 혼을 내는 전략을 활용하며 직원이 자발적으로 회사를 떠나도록 만들죠. 이는 모두 앞서 말했던 '자신에게 돌아오는 피해'를 최소화하기 위한 각자의 전략입니다.

개인이 기업이나 단체에서 생존하는데 가장 중요한 부분은 '대체 불가능성'입니다. 내가 할 수 있는 일을 다른 누군가가 할 수 있다면 그 사람의 가치는 급격히 하락합니다. 회사의 전체적인 역량에도 큰 영향을 미칠 수 있는 중요한 요소가 되죠. 이런 이유로 대기업의 경우 해당 위험성을 방지하기 위해 개인이 창의력을 발휘할 수 있는 요소를 억제하려 노력합니다. 업무를 세분화하고 전체 프로세스를 파악할 수 없도록 만들죠. 이렇게 하면 유능한 직원이 퇴사를 해도 쉽게 대체자를 구할 수 있습니다. 경영진의 역할을 수행하는 소수 엘리트층이 미래를 바라보는 안목이 탁월하다면 기업의 생존을 위해 가장 효율적으로 택할 수 있는 전략입니다. 허나 개인에겐 암울한 상황입니다. 능력이 있어도 버티기가 쉽지 않기 때문입니다.

신자유주의 하에서는 법의 보호보다는 개인의 능력이 중요합니다. 규제를 완화하고 복지를 줄이는 정책기조를 유지하기 때문입니다. 시대를 살아가는 대부분의 사람들이 약자라는 사실로부터 미루어 볼 때 우리는 위의 사례 중 개인의 입장에 집중할 필요가 있습니다. 이 장의 제목인 '상대방을 위협할 수단을 갖추어라'는 이런 과정에서 나온 것입니다. 한국사회에서 살아가는 개인은 반드시 집단에게 큰 영향을 줄 수 있는 무언가를 꼭 갖추어야 합니다(슬픈 일입니다).

반면에 기업의 입장에서 살펴보아도 이 문제는 중요합니다. 규제가 없는 세상에서 승자는 가장 많은 힘(물리적 힘, 자본력, 정치력, 인맥 등)을 발휘할 수 있는 사람입니다. 그렇기 때문에 같은 자본가라 할지라도 가지고 있는 돈이 얼만큼인지에 따라 계급이 형성됩니다. 그들 역시도 나름대로 치열하게 생존하고 있습니다. 어떻게 보면 글의 서두에서 말씀드린 초식동물과 비슷하다는 생각도 듭니다. 사실 그들이 직원을 해고한다는 건 자신들 역시도 다가올 위기를 대처할 힘이 없다는 사실을 반증하는 신호입니다.

세상을 위협할 무기를 갖고 있어야 한다는 말은 결국 기업과 개인 모두에게 중요한 이슈입니다. 자신이 혼자서 어떤 일을 감당할 수 있는지 파악하고 능력을 향상시키는데 필요한 모든 역량을 집중합시다. 그렇지 않으면 생존할 수 없는 것이 지금의 상황입니다. 우리의 인생을 책임져 줄 수 있는 사람은 아무도 없습니다. 자신의 힘이 제일 중요하죠. 물론 이 문제는 말처럼 쉽게 해결할 수 있는 것이 아닙니다. 현대를 살아가는 우리의 지혜가 필요한 시점입니다.

사회적 약자는 어떻게 착취당하는가?

이 글을 읽고 있는 여러분들은 거의 대부분 자본가가 아닐 것입니다. 앞에서 언급한 개념으로 말하자면 초식동물에 해당된다고 볼 수 있죠. 이들이 정글에서 살아남으려면 다양한 능력이 필요합니다. 그 중 가장 핵심적으로 갖추어야 할 능력은 강자의 위협으로부터 벗어나는 일입니다. 이는 그 전략적 방식에 따라 3종류로 구분됩니다.

먼저 가장 이상적으로 이야기할 수 있는 전략은 기린처럼 아주 강한 초식동물이 되는 것입니다. 기린은 사자와도 1:1로 맞서 싸울 수 있는 강한 동물입니다. 현대사회로 말하자면 대기업이나 국가 정부와도 싸움이 가능한 어마어마한 사람이라는 뜻도 됩니다. 다만 이런 사례는 거의 없죠. 우리가 되어야 하는 이상적인 형태이긴 하지만 이룰 가능성은 그리 높지 않습니다.

두 번째로 이야기할 수 있는 사례는 빠른 이동력을 바탕으로 위기를 모면하는 형태입니다. 전략적으로 자신의 인생을 설계하는 1인기업가(프리에이전트) 집단이 이에 해당된다고 볼 수 있습니다. 이들의 전략은 개인의 생존에 맞추어져 있습니다. 다만 여기서 특이한 점은 프리에이전트는 집단 전체가 아닌 1개체(혹은 그 개체의 가족포함)만 살아남으면 되기 때문에 이들의 전략이 다른 집단과는 확연히 다른 방식으로 나타난다는 것입니다. 이들은 자신의 생활이 유지된다면 시장의 규모에 크게 개의치 않습니다. 오히려 큰 집단이 파고들기 힘든 영역을 자신의 전문성으로 개척하며 브랜드 가치를 키웁니다.

그렇다면 위의 두 가지 전략을 활용할 수 없는 대부분의 집단은 어떻게 해야 할까요? 이들을 위한 마지막 선택지가 있습니다. 무리 중 일부를 선별하여 강자에게 내주고 자신은 살아남는 것이죠. 기업에 비유한다면 이러한 행위는 스스로의 노동력을 쓰지 않고 다른 사람들을 착취한 뒤 개인의 이익을 취하는 형태에 가깝습니다. 우리 주변에서 흔히 볼 수 있는 유형이자 세계 다양한 곳에서 석학들이 제기하고 있는 문제이기도 합니다.

일례로 유발 하라리는 그의 저서인 사피엔스에서 가장 이상적인 방식으로 진화한 식물이 밀이라는 주장을 펼쳤습니다. 상당히 일리 있는 말입니다. 사람들은 빵을 먹으려면 밀을 수확해야 합니다. 이 때 조심해야 할 것은 밀의 수확량과 소비량입니다. 만약 모든 밀이 인간에게 제공되면 종 자체가 사라지기 때문에 사람들은 계속해서 의도적으로 밀 개체를 남깁니다. 이 사실은 밀이라는 종의 생존에는 매우 긍정적으로 작용하는 요소입니다. 만약 사람이 밀을 주식으로 삼지 않았다면 이 식물은 지금 우리의 눈에 띄지 않았을지도 모릅니다. 아마 잡초 취급을 받지 않았을까요?

문제는 희생당하는 '밀 집단'을 결정하는 요소가 무엇이냐는 점입니다. 밀의 경우 이는 사람들의 선택으로 나타납니다. 밀의 관점에서는 그들이 정할 수 없는 초월적인 요인이 작용한 것입니다. 그러나 사람들은 어떨까요? 여기서는 희생당해야 하는 사람들을 같은 집단의 '사람'들이 결정합니다. 사실 저는 누군가를 희생시키는 상황보다는 함께 문제를 해결하려는 태도를 보였으면 하는 바람이 있습니다. 그러나 현실은 애석하게도 그렇지 않습니다. 일을 잘하는 직원이 정치적으로 희생되기도 하고, 자신의 라인에 있는 사람들을 키울 목적으로 동료들의 커리어를 망치기도 하죠. 그렇기 때문에 많은 사람들이 이런 구조가 불공평하다고 나선 것입니다.

마키아벨리의 저서를 살펴보면 전체적으로 한 가지 논조를 유지한다는 사실을 발견할 수 있습니다. 이를 한마디로 요약하면 '자신을 보호할 수단을 갖추고 일을 도모하라'입니다. 손자병법에서도 비슷한 내용을 강조합니다. 싸우지 않고 이기는 전략이 최고라는 그의 말이 가장 대표적입니다. 만약 어떤 일을 하면서 금전적 손실을 크게 입거나 건강이 나빠지는 등의 피해가 생긴다면 우리는 이 일을 하면 안 됩니다. 하지만 이 원칙을 지키는 사람은 적죠.

그래서 진리는 항상 어려움 뒤에 찾아온다는 말이 있는 듯 합니다.

싸우지 않고 이기는 전략을 활용하기 위해 저는 '먼저 그들의 전략을 파악하라' 라는 말씀을 드리고 싶습니다. 대개 이들은 양의 탈을 쓴 늑대입니다. 어떤 방식으로 불합리한 일이 벌어지는지 먼저 확인하고 그 가운데 자신의 영향력을 조금이라도 전달할 수 있는 부분을 고민할 필요가 있습니다. 이 때 가장 중요한 것은 정보를 받아들이는 창구를 최대한 많이 유지하는 것입니다. 정보가 없으면 판단할 수 있는 가능성도 함께 낮아집니다. 이는 우리가 올바른 전략을 세우기가 어렵도록 만듭니다.

특정한 상황에 먼저 알고 접근하는 것과 그렇지 않은 것과는 천지차이입니다. 약자일수록 정보파악에 능해야 합니다. 물론 이는 사람마다 그 형태가 다양하게 나타날 것입니다. 누군가는 처세를 생각하고 다른 누군가는 트렌드를 떠올릴테죠. 저는 이 중에서 우리가 집중해야 할 부분은 트렌드와 새로운 지식이라고 생각합니다. 처세를 통해 힘이 생기더라도 주변의 상황이 조금만 바뀌면 그동안의 노력이 쓸모가 없어지지만 트렌드에 대한 지식과 개인의 능력은 온전히 내 것이 되기 때문입니다. 끊임없이 공부하며 자신의 미래를 능동적으로 그려봅시다. 세상에서 나를 지켜줄 수 있는 것은 지식에서 나오는 힘입니다. 누구도 빼앗아 갈 수 없는 나만의 소중한 자산이기 때문입니다.

처음의 완벽함을 생각하라

소중한 가치는 '시작'에 있다

전국시대에 인상여(藺相如)라는 인물이 있었습니다. 조나라 혜문왕의 가신 중 하나였죠. 이 사람이 유명한 이유는 우리가 일상생활에서 자주 사용하는 '완벽'이라는 단어 때문입니다. 사실 이 말은 구슬 하나로부터 시작되었습니다. 당시 조나라에는 화씨지벽(和氏之璧)이라는 구슬이 보물처럼 전해지고 있었습니다. 문제는 조나라가 상대적으로 약소국이었다는 점이었습니다. 구슬이 있다는 것을 알아챈 강대국 진나라에서는 자신이 보유한 15개의 성과 구슬을 바꾸자는 제의를 던졌습니다.

이는 조나라에게는 꽤 괜찮은 제의처럼 들리지만 깊이 살펴보면 그렇지만은 않았습니다. 도의에는 옳지 않지만 구슬을 먼저 받은 다음에 성을 주겠다는 약속을 저버릴 가능성도 있었기 때문입니다. 이런 이유로 혜문왕의 속은 타들어갔습니다. 인상여가 등장한 것은 이 시점이었죠. 환관 목현이 그에게 자신의 객인으로 있는 인상여를 추천한 것입니다. 그는 혜문왕에게 자신이 사신으로 가서 문제를 해결하겠다고 말한 뒤 길을 떠났습니다. 진의 도읍에 도착하여 구슬을 넘긴 인상여는 진나라의 왕이 성을 넘겨줄 의사가 없다는 것을 파악한 뒤 그에게 '구슬에 조그마한 흠이 있다'고 말했습니다. 이에 왕은 인상여에게 화씨지벽을 돌려주었습니다.

그러나 구슬을 돌려받은 인상여의 행동은 예상한 바와 달랐습니다. 그는 구슬을 든 채 신의를 저버린 진나라의 왕을 비난하면서 약속을 지키지 않으면 구슬을 부숴버리겠다고 협박했습니다. 또한 그에게 한 가지 조건을 요구합니다. 혜문왕이 소중한 보물을 보내기 위해 5일간 목욕재개를 했으니, 진나라의 왕 역시도 같은 조치를 취해야 한다는 내용이었습니다. 왕이 동의하자 시간을 벌었다고 생각한 인상여는 사람을 시켜 구슬을 조나라로 돌려보낸 뒤 자신의 목숨을 바칠 준비를 합니다.

시간이 되어 진나라의 왕이 보물을 요구하자 그는 구슬은 지금 자신에게 없으며 약속을 지키면 보물을 얻을 수 있다는 말을 합니다. 그 과정에서 무례를 범한 자신의 목숨을 취하라는 말도 함께 꺼냈죠. 인상여의 기개에 감탄한 왕은 모든 일을 없던 것으로 한 뒤 그를 조나라로 돌려보냅니다.

결국 보물도 지키고 자신의 목숨도 건진 인상여는 조나라로 돌아와 혜문왕에게 큰 사랑을 받습니다. 온전히(完) 구슬을(璧) 지켰다는 뜻의 완벽은 이후 흠이 없이 완전하다는 뜻을 지닌 단어가 되었죠. 우리는 이 단어를 깔끔하면서도 철저하게 일처리를 하는 사람에게 주로 사용합니다.

이처럼 흠없이 온전하기 위해 우리에게 필요한 조건은 무엇일까요? 그 답은 인상여의 지혜일 수도 있고, 탐욕을 부리지 않는 왕의 너그러움이 될 수도 있습니다. 마키아벨리는 이 질문에 다음과 같이 답했습니다.

> "세상 만물이 존속하는데 일정한 한계가 있다는 것처럼 확실한 것은 없다. 그런데 만물은 일반적으로 하늘이 정해놓은 전과정을 따라 움직이는 바 그 본체는 정해진 도정을 따를 때 원래의 모습을 유지하며 혼란에 빠지지 않는다. 이 도정은 변하지 않는 법이며 설사 변한다 하더라도 그들에게 해로운 방향이 아니라 이로운 방향으로 변하게 마련이다."

세상 만물에는 한계가 있다는 말에 주목해봅시다. 이 문구에서 중요한 부분은 만물은 정해진 길을 따를 때 원래의 모습을 유지한다는 것입니다. 이 내용은 동양에서 이야기하는 도와 많이 닮았습니다. 도덕경 1장에는 다음과 같은 문구가 있습니다.

> 도가 말해질 수 있으면 진정한 도가 아니고
> 이름이 개념화될 수 있으면 진정한 이름이 아니다.
> 무는 이 세계의 시작을 가리키고
> 유는 모든 만물을 통칭하여 가리킨다.

저는 이 중 무(無)라는 개념과 시작의 관계를 살피며 우리가 깨닫는 부분이 많다고 생각합니다. 무언가를 시작한다는 말은 기존에 없었던 새로운 것을 만들어낸다는 뜻입니다. 시작은 우리의 삶에서 매우 중요한 요소입니다. 새로운 가치를 만들어 낼 가능성을 내포하기 때문입니다. 이는 새롭게 건국한 나라에서도 그대로 적용되는 요소입니다. 무언가가 바뀔 때는 반드시 이에 대한 원인이 있습니다. 이유도 없이 어떤 일이 발생하지는 않습니다. 이 경우는 '기존에 있던 불만을 해결하려는 시도'로 인해 나라가 바뀌었다고 봐야 옳습니다. 이 원인은 새롭게 생긴 국가에 정당성을 부여하는 핵심 요소가 됩니다. 그러므로 이들이 초심을 잃는다면 이로 인해 다른 국가가 같은 방식으로 나올 가능성도 배제할 수 없습니다. 마키아벨리 역시 이 점을 강조합니다.

"종교와 공화국 및 왕국의 모든 시초는 그것들로 하여금 최초의 명성과 최초의 성장을 획득하게 만든 모종의 선을 가지고 있음이 분명하기 때문이다. 하지만 시일이 흐름에 따라 그 선은 부패하게 마련이다. 따라서 만일 그 복합체를 올바른 위치로 복원시키는 어떤 사태가 일어나지 않는다면 그 부패는 필연적으로 그 본체를 파멸시킨다. 인체에 관해 말할 것 같으면 의사들이 날마다 무엇인가가 우리 몸에 보태지고 그것은 이따금 치료를 요한다고 말하듯이 말이다."

최초에 생긴 소중한 가치를 기억하기 위한 방법은 무엇일까요? 가장 좋은 전략은 이를 기록하고 지속적으로 해당 내용을 확인하며 실천하는 것입니다. 처음 벌었던 돈을 항상 지갑에 품고 다니며 초심을 유지하는 사람이나 자신이 중요하다고 생각하는 가치를 기록하고 삶에서 실천하려 노력하는 태도 등이 이에 해당합니다. 위의 사례에 가장 부합하는 인물은 벤자민 프랭클린입니다. 그는 삶에서 지켜야 할 13가지 가치를 설정하고 이를 삶에 녹여내기 위해 부단한 노력을 기울였습니다. 이 때 그가 썼던 노트는 우리에게 잘 알려진 프랭클린 플래너의 시초가 되었죠. 우리 역시도 이와 비슷한 사례를 활용하며 초심을 유지한다면 이전보다 훨씬 가치있는 삶을 살 수 있을 것입니다.

이 목적을 달성하기 위해 사람들은 다양한 전략을 활용합니다. 자율성을 강조하는 사람이 있는 반면 규율을 엄격하게 적용해야 한다는 주장도 들립니다. 마키아벨리는 이 중 후자의 입장을 지지합니다. 인간과 국가의 본성을 악한 것으로 보았기 때문입니다.

> "강력한 법 집행이 적어도 10년에 한 번씩 일어나야 한다. 시일이 지남에 따라 사람들은 습관을 바꾸고 법을 위반하기 때문이다. 그런즉 사람들의 기억에 형벌을 상기시키고 그들의 마음에 두려움을 다시 심어주는 무슨 일인가가 일어나지 않는다면 다수의 범법자들이 재빨리 힘을 규합하여 커다란 세력을 형성하기 때문에 위험을 감수하지 않고는 그들을 처벌할 수가 없다."

바뀐 세상에서 이전의 원칙만을 주장하는 사람은 선한 영향력을 행사할 수 없습니다. 오히려 다른 사람들에게 피해를 줄 가능성이 높죠. 그렇기 때문에 우리는 끊임없이 자신을 살피며 새로운 것을 배우고 이를 바탕으로 긍정적인 가치를 만들어 낼 수 있어야 합니다. 이를 강제해야 한다고까지 주장했던 마키아벨리를 떠올려 봅시다. 세상은 시시각각 변합니다. 이 가운데 살아남기 위한 전략을 고민하는 일은 그래서 큰 의미가 있습니다.

유능한 지도자를 만나서 배워라

인생의 성공을 결정하는 리더의 조건

성공하는 사람들은 거의 대부분 그들을 이끌어주는 리더가 주변에 있습니다. 그들은 리더를 통해 자신이 해야 할 일을 배우고 시행착오를 줄이며 빠른 속도로 그들의 노하우를 습득합니다. 사람은 동물과 다르게 새로운 것을 배우며 자신의 행동양식을 바꿀 수 있기 때문에 우리가 살면서 좋은 리더를 만날 기회가 생긴다면 이를 적극적으로 활용해야 합니다. 좋은 리더는 우리가 새로운 것을 배우는 시간을 단축시켜 줍니다. 그러므로 혼자의 능력으로 성장하는데 한계가 있는 요즘 같은 상황에서 우리에게 중요한 것은 좋은 리더를 만나는 일입니다. 리더의 존재는 평범한 사람들에게는 가뭄에 단비와 같은 존재입니다.

반면에 리더의 입장은 어떨까요? 아쉽게도 리더의 상황은 우리와 많이 다릅니다. 리더는 주변에 있는 위험을 스스로의 역량으로 판단한 뒤 자신이 속한 집단에 가장 도움이 되는 전략을 선택해야 합니다. 당연히 이 일은 어렵고 외롭습니다. 하지만 이런 상황에 자신을 내던지지 않으면 성과가 나지 않기 때문에 리더들은 좋던 싫던 이 시간을 갖습니다. 실제로 프랑스의 대통령이었던 샤를 드골은 퇴근하면 자신의 거처에서 나오지 않았고, 오마하의 현인이라고 알려진 투자의 귀재 워런 버핏은 자신이 살고 있는 곳에서 크게 이동하지 않으며 신문과 뉴스를 통해 세계정세를 파악합니다.

이런 상황에서 리더와 구성원 모두에게 도움이 되는 전략은 없을까요? 이를 해결하기 위해 우리는 마키아벨리의 의견을 참고할 필요가 있습니다. 먼저 리더의 사례를 살펴봅시다. 그는 로마사 논고에서 전쟁을 할 때 가장 중요한 것 중 하나로 지도자의 역량과 위험을 대비하는 전략을 꼽았습니다.

> "지금까지 로마 인민들이 다른 인민들과 치른 전쟁들 중에서 가장 중요한 전쟁은 토르쿠아투스와 데키우스가 집정관으로 있던 시절에 벌어진 라티움인들과의 전쟁이다…… (중략) …… 양국의 군대는 모든 면에서, 곧 규율, 자질, 불굴의 의지 및 수적인 면에서 서로 비슷하였다. 양국 간에 유일한 차이가 있다면 로마 군대가 라티움 군대보다 더 유능한 지도자를 확보하고 있었다는 사실이다."

사실 집단의 리더와 군대의 사령관은 많이 닮았습니다. 리더 또는 장군 한 명의 결정으로 인해 수백 이상의 생사가 좌우된다는 점에서 그렇죠. 전쟁은 리더 간의 치열한 수싸움에 의해 승패가 결정됩니다. 아무리 유능한 병사라 해도 그의 의견이 전투에 반영되기는 쉽지 않습니다. 당연히 전쟁의 판도도 변하지 않습니다. 이런 상황에서 리더들에게 요구되는 역량은 어떤 것일까요? 마키아벨리의 조언은 다음과 같습니다.

> "수차례에 걸쳐 재정비할 수 있는 방식으로 자신의 군대를 정렬시키는 지휘관은 설령 그가 패배한다 할지라도 운명을 여러 차례에 걸쳐 시험할 기회를 가지는 셈이며, 적을 정복하는 경우에도 적에 비해 몇 배에 달하는 효율성을 누린다."

건곤일척(乾坤一擲)이라는 말이 있습니다. 운명을 걸고 단판으로 승부를 겨룬다는 뜻이죠. 그런데 이런 태도는 전쟁에서 매우 위험합니다. 승리했을 때는 상관이 없지만 실패했을 경우 돌이킬 수 없는 결과를 불러일으키기 때문입니다. 모든 일은 순리에 따라야 합니다. 그러나 유독 전쟁에 관해서는 이런 원칙이 지켜지지 않는 경우가 많습니다. 모든 장군이 승리를 꿈꾸며 역사의 주인공이 내가 될 것이라는 근거 없는 확신을 갖고 독단적으로 행동합니다. 아쉽게도 결과는 좋지 않습니다.

로마사 논고에서도 이런 사례가 기록되어 있습니다. 군대의 배치와 이동방향을 현명하게 설정하지 못해 입지 않아도 될 피해를 입은 것이죠.

> "피렌체인들은 피사의 영토에 있는 산토 레골로와 그 밖의 장소에서 벌어진 피사와의 전쟁에서 피사인들에게 패배하였는데, 이때 피렌체가 입은 피해는 다른 원인보다도 아군 기병에 기인하는 바가 더 컸다. 즉, 기병이 선두에 있다가 적에게 패주하면서 피렌체 보병 안으로 뛰어들어 대열을 붕괴시켰고 그 결과 나머지 모든 병사들이 퇴각하였던 것이다."

전쟁을 준비하는 장군이나 지도자는 위험성을 줄이며 성공 가능성을 높일 수 있는 전략을 고민해야 합니다. 앞선 사례에서 군대를 지도했던 리더는 도망갈 때 아군의 피해를 최소화시킬 수 있도록 기병의 퇴각로를 지정하거나 그들의 위치를 따로 지정해주었어야 했습니다. 만약 그랬다면 대열이 붕괴되어 추가 피해를 입는 일은 발생하지 않았을 테죠. 그가 그렇게 하지 못한 이유는 자신이

질 것이라 예상하지 않았기 때문입니다. 이는 그가 얼마나 유능하였는지와는 관계가 없습니다. 오히려 이 문제는 개인의 역량보다는 생각을 얼마나 다양하게 펼칠 수 있는지에 따라 그 결과가 달라집니다.

우리가 이처럼 여러 가지의 가능성을 염두에 두어야 하는 이유는 세상이 예측대로 흘러가지 않기 때문입니다. 만약 누군가가 예상한 대로 인생이 흘러간다고 가정해봅시다. 그렇다면 우리의 할 일은 간단합니다. 그 누군가의 예언을 듣기 위해 노력하기만 하면 되죠. 그가 한 말을 통해 우리는 세상을 살아갈 기준을 찾을 수 있습니다. 허나 애석하게도 세상에 그런 사람은 없습니다. 리더의 조건을 다룬 책인 '사장의 길'에서는 이 내용을 다음과 같은 문구로 소개하고 있습니다.

> "리더는 세상의 본능이라고 할 수 있는(보통은 본질이라고 표현하는) 불확실성과 싸워 성과를 만들어내야 한다. 언제 어떻게 될지 모르는 세상 속으로 들어가 가능성을 찾아내어 그것을 비전과 목표라는 이름으로 조직에 제시해야 한다. 제시만 하면 되는 게 아니라 설득해야 하고, 어떻게 거기까지 가야 할지 적절한 방법을 만들어 거기에 맞는 조직을 구성해야 한다. 이런 과정을 통해

눈에 보이는 성과를 보여주어야 세상과 조직은 리더로 인정하고 따르기 시작한다."

결국 리더의 조건은 크게 '위험성을 줄이고 가능성을 높이는 전략을 구사하는 것'과 '불확실한 상황에 맞서 자신을 지키고 주변에 긍정적인 영향을 미치는 것'의 두 가지로 요약됩니다. 만약 내 주변에 이 조건을 만족하는 리더가 있다면 반드시 따라야 합니다. 우리가 힘이 없을 경우 이들의 날개는 매우 편안한 쉼터가 될 것이기 때문입니다.

그러나 우리가 생각해보아야 할 점이 있습니다. 유능한 리더의 보호를 받는 것만으로 우리가 평생을 살 수 있을까요? 저는 자신 있게 이 질문에 '아니오'라고 대답할 것입니다. 단순히 리더의 지시를 잘 따르고 충성을 다한다고 해서 안전하게 머물 수 있는 건 아닙니다. 리더가 판단을 잘못할 경우에는 내 의사와 상관없이 리더를 따르는 모든 구성원이 피해를 보기 때문입니다. 좋은 리더가 항상 올바른 선택을 하는 건 아니기 때문에 우리는 이 사실을 기억하고 위험에 대비해야 합니다.

이런 이유로 앞서 언급된 조건은 리더에게만 해당된다고 볼 수 없습니다. 우리 모두는 자신의 인생을 경영하는 리더의 역할을 수행하고 있습니다. 그러므로 우리는 단순히 리더를 따라가야겠다는 소극적인 생각에서 벗어나 미래를 고민하고 주변 사람들의 장점을 내 것으로 만들어야 합니다. 다행히 요즘은 시대가 발달하여 예전과는 다르게 양질의 정보를 인터넷을 통하여 쉽게 얻을 수 있습니다. 다양한 것을 보고 느끼며 배운다면 아마 우리는 빠른 속도로 리더에 준하는 능력을 갖추며 스스로의 인생을 설계해 나갈 수 있을 것입니다.

누군가의 능력을 배울 수 있는 가장 빠른 방법은 '모방'입니다. 리더의 행동을 잘 관찰하며 그가 왜 이런 방식으로 행동하는지를 자세히 연구해봅시다. 물론 처음에는 어렵습니다. 허나 시간이 지나면 상황은 조금씩 변합니다. 그의 행동을 조금씩 이해할 수 있게 되면서 구조를 파악할 수 있기 때문입니다. 이런 상황이 되면 그는 리더의 장점을 자신의 업무와 삶에 어떻게 적용해야 할지 세심하게 고민할 수 있습니다. 물론 그다음 순서는 '리더의 능력을 내 것으로 만들기'입니다. 리더의 행동과 스타일을 꾸준히 연구했던 사람이라면 이 과정이 그리 어렵지 않게 이 과정을 수행할 수 있을 것입니다.

비록 모든 사람이 리더가 될 수는 없겠지만 리더가 아니라고 해서 그들의 자질을 배우지 말아야 한다는 법은 없습니다. 필요한 것은 배우고 자신의 것으로 소화하며 역량을 강화한다면 좋은 일이 있을 게 분명한데도 그 기회를 시작하기도 전에 차 버릴 필요는 없습니다. 이 장에서 논의된 리더의 조건이 단지 지도자에게만 해당된다고 생각하지 말았으면 합니다. 우리는 모두 우리의 인생을 책임지고 있는 리더입니다. 회사로 대변되는 조직에 있다고 해서 내가 안전하지는 않습니다. 좋은 리더를 찾아서 그들로부터 좋은 지식과 경험을 습득하고 자신의 삶에 적용할 수 있도록 부단히 노력합시다. 이것이 우리가 험한 세상에서 살아남을 수 있는 유일한 방법입니다.

잭 웰치와 짐 굿나잇의 경영방식

리더의 입장은 항상 어렵습니다. 이는 집단의 크기와는 큰 상관이 없습니다. 그들의 주요 과제는 결정을 내리는 일입니다. 리더는 자신을 따르는 사람들이 올린 의견에 답하며 최적의 방식을 찾아갑니다. 만약 이렇게 하지 않으면 집단은 쉽게 무너지기 때문에 리더는 항상 신경이 곤두서 있습니다. 리더는 힘든 자리입니다. 그렇기 때문에 대개 사람들은 리더를 맡는 걸 별로 달가워하지 않습니다. 오히려 리더의 말에 따르며 신경을 덜 쓰는 것이 효율도 높고, 편하게 일을 할 수 있는 방법이라 생각하죠.

그러나 우리의 인생을 이끄는 리더가 나 자신이라는 사실을 떠올린다면 이 사례를 간과해선 안 됩니다. 고민은 리더의 전유물이 아닙니다. 우리 역시도 인생을 가치 있게 보내려면 다양한 방식으로 고민하고 실천하며 역량을 향상시켜야 합니다. 시행착오를 줄이고, 더 확실한 전략을 설계하는데 필요한 것은 간접경험입니다. 그런 점에서 리더의 사례는 우리에게 큰 도움이 됩니다. 신문, 인터넷을 통한 미디어의 사례를 접하며 우리는 시행착오를 줄일 수 있습니다. 마음만 먹으면 양질의 정보를 쉽게 얻을 수 있는 시대에 살고 있는 저희의 복이 아닐까 생각합니다.

그렇다면 우리는 어떤 리더의 경험을 참고해야 할까요? 해당되는 사람은 많지만 제가 이 글을 통해 이야기하고자 하는 인물은 두 사람입니다. 먼저 GE의 최고경영자를 역임했던 잭 웰치입니다. 그의 스타일을 표현할 때 가장 적합한 단어는 '엄격함'입니다. 잭은 효율성을 강조하는 사내 정책을 펴며 대량 해고도 서슴지 않았기 때문에 '중성자 잭'이라는 별칭으로 불리기도 합니다. 그는 자신이 이렇게 하는 이유를 '회사의 성장과 발전'을 위해서라고 답합니다. 좋은 기업 분위기가 기업의 생존을 장담할 수 없다는 것이 그 이유였습니다. 다음의 인터뷰는 이런 그의 생각을 단적으로 드러내는 지표입니다.

"GE는 '일하기 좋은 기업' 순위에 동참하지 않았어요.

그건 술책에 불과하거든요. 매주 몇 시간 파티하고 노는 기업은 좋은 곳이 아니에요. 경영자들은 친절(nice)의 개념을 바로잡아야 한다고 생각합니다. 친절은 직원이 어디 있는지 알려주고, 어떻게 점수를 따고 승진하는지 알려주는 겁니다. 실리콘밸리를 보세요. 잘 나가던 그들이 밑바닥으로 추락할 때 지금까지 만들었던 '일하기 좋은 기업'이 사라집니다. 고용 안정성은 정말 중요한 것입니다. 그러나 그것은 기업이 승리하고 성장해야만 가능한 일입니다. 그냥 하늘에서 뚝 떨어지는 게 아니에요. 고용 안정성은 회사 정책에서 오는 게 아니라, 고객을 만족시키는 데서 온다는 겁니다. 고객이 없는 회사는 고용 안정성도 없어요."

_잭 웰치의 언론 인터뷰 중

반면에 잭의 의견을 정면으로 반박하는 사람도 있습니다. 그의 이름은 비즈니스 정보 분석 소프트웨어 회사인 쌔스 인스티튜트(SAS Institute, 이하 SAS) 대표 짐 굿나잇. 짐은 잭의 의견을 정면으로 반대하고 나섰습니다. 사실 이런 입장을 취한 사람은 많습니다. 다만 그가 다른 사람들보다 특별한 이유는 단순히 잭 웰치의 입장을 반대만 한 것이 아니라 이를 직접 실천하며 다른 방식의 성장도 가능하다는 사실을 직접 보여주었기 때문입니다. 그는 경영환경이 악화되었음에도 불구하고 한 명의 직원도 해고하지 않았습니다. 또한 사내 복지 향상을 위해 많은 노력을 기울였죠. 직원들이 일하기 위해 필요한 것을 최대한 제공하자는 그의 철학이 반영된 결과입니다.

> "우리는 채찍을 강조하지 않아요(웃음). 만약 어떤 직원이 일을 잘하지 못하고, 업무 능력이 향상되지 않는다고 칩시다. 그러면 인사 담당자가 그에게 지적을 하지요. '당신의 업무 능력을 좀 더 향상시켜야겠어요.' 그리고 난 뒤에 90일간 그들이 업무 능력을 향상시킬 수 있도록 트레이닝을 시킵니다. 90일이 지난 뒤에도 업무 능력이 향상되지 않으면 그들이 가장 능력을 잘 발휘할 수 있는 부서로 이동시켜서 근무하게 합니다."
>
> _짐 굿나잇의 언론 인터뷰 중

이처럼 상반되는 두 사례를 통해서 우리가 배울 수 있는 점은 무엇일까요? 바로 '효율'의 문제입니다. 그들은 모두 자신을 따르는 구성원이 어떻게 하면 더 일을 잘할 수 있을지 고민했습니다. 다만 그 과정에서 사용했던 방법이 달랐을 뿐이죠. 잭 웰치가 목표

지향적인 강경파라면 짐 굿나잇은 관계지향적인 온건주의자입니다. 그들은 자신이 취한 행동을 통해 조직이 더 큰 성과를 낼 수 있도록 만들었습니다.

잭과 짐이 이렇게 할 수 있었던 가장 큰 이유는 사람을 잘 이해하고 있었기 때문입니다. 조직을 움직이는 것은 결국 사람입니다. 그렇다면 조직 내에 속한 구성원들을 잘 움직일 수 있다면 좋은 결과를 낼 수 있다는 결론이 나옵니다. 그들은 오래전부터 이 사실을 잘 이해하고 생각한 바를 조직에 실천했습니다. 두 사람의 유일한 차이는 지향점과 목표가 서로 달랐다는 점입니다.

우리는 이들의 원리를 자신의 삶에 적용할 수 있도록 노력해야 합니다. 제가 생각하는 이상적인 방향은 '자신에게는 엄하게, 타인에게는 관대하게'입니다. 그 이유는 우리가 다른 사람의 욕망을 마음대로 정하거나 바꿀 수 없기 때문입니다. 혹 그런 일이 가능하더라도 해서는 안 됩니다. 다른 사람들의 의견을 존중하며 더 나은 성과를 내는 것은 현대사회를 움직이는 기본 원리입니다.

실제로 잭 웰치가 경영했던 GE에서도 이런 움직임을 보이고 있습니다. 12년 동안 그들이 주장했던 원리는 식스 시그마(불량률을 100만 분의 1로 낮춰 완벽한 제품을 생산한다는 경영원칙)입니다. 이 과정에서 가장 중요한 것은 실수를 줄이는 일입니다. 그러나 오늘날은 실수 없이 성장하기가 불가능합니다. GE 최고 인사책임자인 제니스 샘

퍼도 최근 인터뷰에서 "더 이상 완벽을 기대하는 것은 현실적이지 않다"며 이 주장을 인정했죠. 이러한 트렌드 때문에 타인에게 관대하면서 자신에게 엄한 리더십은 많은 사람들로부터 공감을 불러일으키고 있습니다. 이제는 조금씩 바뀌어야 한다는 의견에 힘이 실리고 있죠. 우리가 참조해 볼만한 부분이라 생각합니다. 우리는 이 내용을 동양의 고전에서도 살펴볼 수 있습니다.

> "대개 가르쳐 설명한다는 말은 잘 인도하는 것이지 상대방의 환심을 얻고자 하는 일을 가리키지 않는다. 그런데 근래 들어 사람을 가르쳐 설명하는 자는 좋은 길로 인도한다는 사실을 잊은 채 환심만을 얻고자 한다…… (중략) …… 그러므로 스승의 임무는 이치가 승리하고 의(義)가 행해지도록 하는 데 있다. 도리가 승리하고 정의가 이루어지면, 스승은 존경을 받고 왕공귀인은 교만을 일삼지 않는다. 위로는 천자에 이르기까지 스승에게 부끄러움이 없다. 대체로 우연히 사람을 만나는 경우는 있지만, 그 만남이 반드시 합당하다고 할 수는 없다."
>
> _여씨춘추 12기 중 「맹하기(孟夏紀)」

이치가 승리하고 의가 행해지도록 하는 것이 스승의 임무라는 말을 다시 한 번 생각해봅시다. 이 원리는 개인과 기업 모두에 적용할 수 있습니다. 자신을 경영하고 팀을 이끄는 리더의 입장에서 이 글을 생각해보시기 바랍니다. 오늘날 우리는 의를 드러내는 행동을 멀리하고 자신의 이익을 늘리는 데에만 관심을 기울입니다. 단기적으론 효과가 있을지 모르겠지만 미래를 위해서라면 이런 행위는 지양해야 합니다. 지금 우리의 자세를 돌아봅시다. 스승의 역할을 명확하게 인지하고 주변 사람들을 잘 이끌고 있는지 살펴봅시다. 만약 그 가운데 부족한 것이 있다면, 이 사례를 통해 다시 한 번 마음을 다잡는 시간을 가졌으면 합니다. 이런 시간은 우리의 인생을 더 풍요롭게 만드는데 도움이 됩니다.

토론 수업 4

가치 있는 인생을 결정하는 삶의 원리

욕심을 부리지 마라

비움의 미학, 군대의 청빈함

지금 당신이 가장 하고 싶은 일은 무엇인가요? 정도는 다르지만 사람들은 모두 마음에 욕심을 품고 살아갑니다. 사실 욕심은 삶에서 매우 중요한 요소입니다. 과도한 욕심은 개인을 파괴하지만 때로는 삶을 움직이는 원동력으로 작용하기도 합니다. 만약 사람에게 욕심이 없었다면 지금과 같은 문명의 이기를 누리는 건 불가능했을 겁니다. 제가 스마트폰과 블루투스 키보드로 이렇게 글을 쓰는 일도 불가능했겠죠.

재미있는 건 사람의 마음에 있는 욕심이 역사적으로 다양한 형태로 나타났다는 점입니다. 선사시대에는 동물들의 위협을 피해 안정을 누리고 싶다는 마음이 대부분이었습니다. 즉, 이 시기에는 생존이 가장 중요한 요소였습니다. 그러나 지금은 이때와는 전혀 다른 방식으로 욕심이 나타납니다. 현대사회는 외부의 요인으로 인해 생존할 수 없는 불안정한 구조가 아닙니다. 즉, 현대사회는 사람들의 욕심이 생존보다는 다른 방향으로 쉽게 파생될 수 있는 환경이라 할 수 있습니다.

　삶을 연명하기 힘든 극빈층을 제외한다면 우리의 욕심은 대개 상대적인 경우가 많습니다. 예를 들면 이렇습니다. 평범한 사람들은 저녁식사를 굶는 상황을 생각하기보다는 어떻게 하면 옆집에 있는 사람보다 돈을 더 많이 벌 수 있을까를 고민합니다. 생각할 수 있는 다양한 아이디어를 떠올린 뒤 실행에 옮기거나 주변을 관찰하며 기회를 노리죠. 이 때 사람의 마음이 어떤 방식으로 작동하는지 알아보는 건 꽤 흥미로운 일입니다. 당연히 각자의 생각이 다릅니다. 일반적으로 이를 구별하는 기준은 욕심과 대의 간의 비율입니다. 내 욕심을 얼마나 드러내느냐에 따라 삶을 대하는 방식이 달라지기 때문입니다. 만약 대의를 더 중요하게 생각할 경우에는 사회에 득이 되지만 반대의 경우라면 상황은 많이 달라집니다.

　특히 자신이 성공하는데 필요한 개인적 요소를 대의로 생각하는 자세는 매우 위험합니다. 이는 매우 파악하기 힘든 욕심 중 하나입니다. 이런 성향이 무서운 이유는 그(혹은 그녀)로 하여금 수단과 방법을 가리지 않고 일을 진행하도록 만들기 때문입니다. 대개 이런 경우 그들의 가치관과 철학은 상당부분 왜곡되어 있습니다.

　동의하긴 어려울 수도 있지만 우리는 알게 모르게 이런 생각을 마음에 품고 있는 경우가 많습니다. 내가 하는 일이 항상 옳다는 생각을 하는거죠. 사실 따지고 보면 이런 마음을 먹지 않고서는 우리가 하는 일에 정당성을 부여하기가 상당히 어렵습니다. 즉, 일을 하려면 어느 정도는 욕심을 품어야 한다는 결론이 나옵니다.

그럼에도 불구하고 저는 우리가 욕심을 버려야 한다고 생각합니다. 사람은 채우는 과정보다는 비우는 행위를 통해 완성됩니다. 사람들은 내가 소비한 것보다는 생산한 것을 기준삼아 우리를 판단합니다. 무언가를 만드는 과정은 내가 익힌 능력을 내어놓는 행위입니다. 즉, 욕심이 아니라 선의에 의해 일어나는 고귀한 일이라 할 수 있죠. 우리는 이런 청렴한 모습을 로마의 군대에서도 발견할 수 있습니다. 마키아벨리는 이를 다음과 같이 말하고 있습니다.

> "마르쿠스 레굴루스의 시대에도 이러한 청빈함이 아직 남아있었다. 이는 그가 군대를 이끌고 아프리카에 있을 때 그의 소작인들이 소홀히 관리하고 있는 농장을 돌보러 돌아가기 위해 원로원에 휴가를 신청한 일로부터 알 수 있다."

그는 왜 직접 농장을 돌보아야만 했을까요? 일반적인 우리의 상식으로는 군대를 이끄는 사람이 농장을 직접 돌본다는 말을 선뜻 이해하기가 어렵습니다. 지금 우리 주변에서 이런 일이 일어난다고 가정해봅시다. 아마 상상하기 쉽지 않을 것입니다. 그러나 레굴루스는 그렇게 해야만 하는 이유가 있었습니다.

> "이러한 이야기에서 우리는 몇 가지 주목할 점이 있다. 첫째는 가난인데, 로마 시민들은 가난에 만족했고, 전쟁으로부터 얻는 명예로 충분했으며 모든 획득물을 공공의 처분에 맡겼다는 점이다. 만약 레굴루스가 전쟁으로 부유해질 것을 기대했더라면 그의 토지에 대한 어떠한 피해도 그에게 별다른 걱정이 되지 않았을 것이다."

앞선 문구 중 가장 가슴을 찌르는 말은 가난에 만족했다는 내용입니다. 사실 가난을 좋아하는 사람은 없습니다. 가난은 사람에게 불편함을 안겨줍니다. 현대사회에서 이슈가 많이 되는 개념인 미니멀리즘 역시도 가난을 추구하기 보다는 꼭 필요한 물건만 갖추자는 내용이 핵심입니다. 그러나 사람마다 '꼭 필요한 물건'에 대한 기준이 다릅니다. 대개 가난이 미니멀리즘의 기준인 경우는 거의 없습니다.

아쉽게도 한국에서는 미니멀리즘을 추구하기가 쉽지 않습니다. 어떤 신념을 유지하려면 나를 응원해주는 사람들이 있어야 하는

데, 대부분 더 많이 갖는 걸 원하기 때문입니다. 그렇기 때문에 앞서 언급된 레굴루스의 사례는 우리에게 시사하는 바가 많습니다. 욕심에 관해 생각해 볼 수 있는 좋은 사례가 아닐까 합니다.

이런 이유로 마키아벨리는 이들을 가슴 깊이 존경했습니다. 자신의 욕심을 버리면서도 원칙을 세우며 이를 준수하는 모습을 통해 많은 것을 느꼈던 듯 합니다. 우리는 다음의 문구를 통해 마키아벨리가 이들을 어떻게 생각했는지 알 수 있습니다.

> "그들이 군대의 우두머리가 되었을 때 그들이 지닌 정신의 위대함은 그들로 하여금 모든 군주들보다 위에 서게 만들었으며 그들은 왕들과 공화국들을 중요시하지 않았고 어떠한 것에 의해서도 혼란이나 두려움에 빠지지 않았다. 그렇지만 사적인 지위로 돌아왔을 때, 그들은 검소하고 겸손했으며 자신들의 작은 재산을 소중히 돌보았고 행정관들에게 복종했으며, 연장자들에게 경의를 표했다."

오늘날에도 이런 모습을 볼 수 있을까요? 저는 개인적으로 많이 어렵다는 주장을 펼치고 싶습니다. 욕심을 100% 없애고 대의를 위해 움직일 수 있는 사람은 없습니다. 이 글을 쓰는 저 역시도 욕심이 있습니다. 큰 건 아닙니다. 좋은 글을 쓸 수 있도록 책을 더 많이 사고 싶다는 것이죠. 여기에도 아까 말씀드렸던 오류가 숨어 있습니다. 좋은 글을 쓰는 일은 대의지만 이 목표의 숨겨진 진의는 '더 많은 책을 읽고 싶다'는 개인의 욕심입니다.

개인의 욕심은 깊이 생각하지 않는다면 이루는 과정에서 다른 사람들에게 피해를 줄 가능성이 높습니다. 그렇기 때문에 대의에 어긋나지 않는 범위 내에서 자신의 소망을 정리하는 시간은 매우 중요합니다. 앞서 살펴보았던 로마의 장군이나 병사처럼 개인적인 욕망을 모두 죽이고 국가를 위해 헌신하는 것까지는 어려울 수 있습니다. 그러나 적어도 우리의 욕심을 통해 다른 사람들이 도움을 받을 수 있는 방법은 무엇인지 고민해 볼 수는 있지 않을까요? 자신을 보호할 수 있는 범위 내에서 개인의 욕심을 설정하고 이를 달성할 수 있는 전략을 고민 후 실행합시다. 이를 통해 우리의 인생은 더 풍요로워질 것입니다. 아마 마키아벨리는 우리가 욕심을 버리고 마음을 가다듬으며 나와 주변을 위해 무엇을 할지 고민하는 태도를 갖추길 원했는지도 모릅니다.

잘못 끼워진 첫단추

세상이 올바르게 움직이려면 어떤

원리를 따라야 할까요? 여러 의견이 있겠지만 그중 사람들의 입에 가장 많이 오르는 것은 아무래도 '순리에 따라야 한다'는 말이 아닐까 싶습니다. 역사에 이름을 남긴 유명한 사상가들은 모두 세상을 움직이는 근본 원리를 깨닫고 이와 같은 방향으로 인생의 목적을 설정해야 한다는 주장을 펼쳤습니다.

그러나 역사는 항상 이와 반대방향으로 흘러갑니다. 권력자는 대부분 시민들을 위한 정치를 하기보다는 자신의 욕심을 채우기 급급합니다. 누군가의 이권을 보장해주고 뒷돈을 받거나, 권력을 이용하여 자신의 잘못을 감추는 등 그 형태는 다양하게 나타납니다. 그중 하나로 우리가 쉽게 살펴볼 수 있는 것은 매관매직입니다. 매관매직의 가장 큰 폐해는 능력이 없는 사람이 돈으로 원하는 자리에 앉게 된다는 점입니다. 이 사례를 잘 살펴보기 위해 고대 중국의 역사를 살펴보도록 합시다.

고대 중국에서 매관매직이 성행했던 때는 후한 영제 때입니다. 영제는 자신의 안위와 즐거움을 누리는 일에만 관심이 있었습니다. 욕심을 채우기 위해 세금을 무분별하게 썼기 때문에 국고는 금방 바닥을 드러냈죠. 고민한 끝에 영제는 벼슬을 팔기 시작했습니다. 삼공(국무총리)은 천만 전, 태수(도지사)는 이천만 전, 현령(시장, 군수)은 사백만 전의 가격으로 책정되었습니다. 직위가 높은 삼공보다 태수가 가격이 더 비쌌던 이유는 이 위치가 백성들을 더 쉽게 수탈할 수 있었던 자리였기 때문입니다. 오히려 삼공보다도 무소불위의 권력을 행사할 수 있는 좋은 자리였죠. 반면에 현령은 태수의 눈치를 봐야 했으므로 가격이 상대적으로 저렴(?)했습니다.

관직을 살 때 이미 금전적으로 손해를 봤기 때문에 이들이 다음에 취할 행동은 관직을 사면서 입은 손실을 보전하는 일이었습니다. 투자원금을 회수하는 과정이랄까요? 목적을 달성하려면 백성들을 수탈하는 것 이외에는 방법이 없었습니다. 그들은 세금을 올리고, 다양한 구실을 붙여 자신이 다스리는 땅에 재물이 많아지게끔 조치했습니다. 당연히 백성들의 원망은 하늘을 찔렀습니다. 해준 것도 없으면서 내가 가진 것을 빼앗아갔기 때문입니다. 이 시기의 관리들은 증오의 대상이었습니다.

사실 이런 일이 발생하지 않으려면 처음에 관리로 임명될 때 금전적으로 손해를 보지 않아야 합니다. 이러면 백성들을 쥐어짜지 않아도 됩니다. 글의 처음에 언급했던 순리를 따르는 일이죠. 그러나 욕심을 품은 사람들이 관직을 돈으로 사면서 지켜져야 할 원칙이 어긋났습니다. 이처럼 잘못된 시작은 연관된 사람으로 하여금 계속해서 그릇된 선택을 하도록 만듭니다. 문제를 해결하기 위한 방법은 2가지입니다. 시작부터 바로잡거나 어긋난 상황을 그대로 두면 됩니다. 하지만 이를 바로잡기란 생각보다 쉽지 않습니다. 모든 사람이 관직을 돈으로 사는 가운데 나만 고고한 척한다고 해서 다른 사람들이 알아주지도 않을뿐더러 개인의 입장에서는 손해가 되기 때문입니다. 저는 만약 우리가 이런 상황에 처한다면 자신을 보호할 수 있는 수단을 확보하고 상황을 바꾸려 노력해야 한다는 조언을 드리고 싶습니다.

　이런 사례는 현대사회를 살아가는 사회인에게도 비슷한 양상으로 나타납니다. 대개 직장인들에게 가장 힘든 건 '빚'입니다. 빚은 한 가정의 고정 지출비를 증가시킵니다. 한 달에 들어오는 급여는 정해져 있는데 나가는 돈이 더 커지기 때문입니다. 이런 상황이 발생하면 자연스럽게 기존에 유지했던 소비패턴을 이어가기 어렵습니다. 지금까지 누렸던 혜택 중 한 부분을 과감히 내려놓아야 하죠. 당연히 삶의 질은 떨어집니다.

　기업가라고 해서 이런 추세에서 자유로운 것은 아닙니다. 그들은 보통 사람들보다 기본적으로 지출해야 할 부분이 많습니다. 직원들의 급여, 월세 및 관리금으로 통칭되는 시설기반 지출비, 대출 상환금 등 계산해보면 거의 돈을 들이붓고 있다는 표현이 적합합니다. 그럼에도 불구하고 상황이 개선되지 않으면 대표의 속은 타들어갑니다. 그렇기 때문에 문제를 해결하려 다양한 방법을 활용하죠. 사실 외부의 상황은 우리가 알지 못하는 방향으로 시시각각 변합니다.

　이처럼 돈과 관련된 비리는 주변에서 쉽게 찾아볼 수 있습니다.

다만 이런 현상은 예전과 다르게 은밀한 방식으로 진행됩니다. 예전과 지금의 가장 큰 차이는 사람들에게 전달되는 정보입니다. 우리는 고대의 사람들과는 달리 새로운 소식을 인터넷이나 티비를 통해 쉽게 접할 수 있습니다. 그러나 이곳에 있는 정보의 대부분은 그 진위를 의심해보아야 합니다. 다양한 이해 관계자가 서로의 이익을 위해 정보를 조작하고 사람들을 자신이 원하는 방향으로 행동하도록 만들기 때문입니다. 이들은 대중의 심리를 파악하는 일에 능숙하고, 그들의 욕망을 건드려 특정 행동을 하도록 유도하는 전문성을 보유하고 있습니다.

이 상황에서 가장 중요한 것은 상대방의 대화나 글을 살피며 그들이 어떤 욕심을 내비치는지 파악하는 일입니다. 세상에는 자신의 힘과 영향력을 활용하여 주변 사람들을 압박함과 동시에 개인의 욕심을 채우는 일이 매우 자주 발생합니다. 앞서 언급한 사례는 이들 중 일부에 불과하죠. 그렇기 때문에 제가 추천하는 전략은 책읽기 입니다. 직접 경험하는 방법이 제일 좋지만 이렇게 될 경우 우리가 위험에 빠질 수도 있기 때문입니다. 무언가를 배울 때 가장 중요하게 생각해야 할 부분이 학습자의 안전이라는 점에서 볼 때 책은 세상의 지혜를 배울 수 있는 가장 안전한 전략 중 하나입니다. 세상의 모든 욕심을 버리더라도 공부와 책읽기에 대한 욕심은 꼭 있어야 한다는 말을 하면서까지 공부의 중요성을 강조하고 싶은 것이 제 심정입니다. 약자가 살아남기 위한 유일한 방법은 공부입니다. 그렇지 않으면 다른 사람들의 도구 역할 밖에는 하지 못할 것입니다. 공부해서 얻은 지식을 바탕으로 상대방이 어떤 것을 원하는지 깊이 살펴보는 습관을 가집시다. 이런 전략을 통해 우리는 좀 더 안전하게 일을 도모할 수 있습니다.

유익한 가치를 생산하라

공동선으로 자신의 욕심을 숨기는 사람들

만약 나라에 흉년이 들어 백성들이 고통받고 있다면 국가에서 무엇을 해야 할까요? 가장 먼저 생각할 수 있는 것은 창고를 열어 굶주린 백성들의 배를 채우는 일입니다. 기근이 심하지 않다면 이런 조치는 백성들의 생명을 연장시킬 수 있는 훌륭한 대책입니다.

그런데 흉년의 정도가 심해져서 국가에서도 이 문제를 해결할 수 없을 경우에는 어떤 전략을 사용해야 할까요? 이런 일이 일어나면 안 되지만 역사를 살펴보면 비슷한 사례가 많이 발견됩니다. 로마 시가 굶주림으로 고통받고 있던 상황도 이와 비슷했습니다. 음식을 제때 먹지 못해 굶어 죽는 사람이 속출했고, 국가의 공공 창고로도 이 문제를 해결할 수가 없었습니다. 특단의 대책이 없다면 더 큰 일이 벌어질 수 있는 상황이었던 거죠.

이 상황을 지켜보던 부자 중 하나인 스푸리우스 멜리우스는 자신의 사재를 털어 곡물을 모아 시민들을 구해보겠다고 제안합니다. 자신에게는 충분한 재산이 있으니 그리 어렵지 않을 것이라는 예상을 함께 덧붙였습니다. 그가 주장한 대로라면 확실히 로마의 시민들은 굶주림에서 벗어날 수 있었습니다. 사람들은 그의 결정에 환호했습니다. 이런 어려운 시대에 자신을 희생해서 사람들을 구한다는 영웅의 이미지도 더해졌죠. 국가의 입장에서 살펴보아도 그의 행보는 시민을 살리는데 꼭 필요한 조치였습니다.

그런데 문제는 엉뚱한 곳에서 발생했습니다. 멜리우스를 중심으로 파벌이 형성된 것입니다. 파벌의 중심이었던 시민들은 국가의 무능함을 신랄하게 비판했습니다. 당연히 지도층이었던 원로원의 입지는 약해졌습니다. 일개 개인이 할 수 있는 일을 국가에서 하지 못했다는 선입견이 시민들 사이에서 형성된 탓입니다.

상황을 지켜보던 그들은 이런 사태가 향후에 낳게 될 분란을 두려워한 나머지 그를 처형했습니다. 원로원의 주장은 간단했습니다. '좋아 보이고 합리적으로 비난할 수 없는 일이 초기에 시정되지 않을 경우 죄가 되고 국가에 위험을 끼칠 수 있다'는 것이었습니다.

이 사건은 언뜻 보면 이해하기 어려운 부분이 많습니다. 자신의 재산으로 사람들을 구하겠다는데, 왜 원로원은 그에게 이토록 가혹한 형벌을 내렸을까요? 이 문제는 다양한 방향으로 논의할 수 있습니다. 가장 먼저 떠오르는 가치는 복지와 법입니다. 로마의 지도층은 사회에서 복지가 필요하긴 하지만 올바른 방법으로 활용되지 못할 가능성이 있다는 내용을 강조했습니다. 사람들을 위한 복지가 오히려 그들을 옥죄는 도구로 작용한다는 것입니다.

이런 현상은 복지를 베풀며 시민들에게 자신의 의도를 숨기는 치밀한 행위를 통해 발생합니다. 어려움을 해결해주는 건 일견 보면 좋은 점이 많은 것처럼 보입니다. 그러나 정치인들에게는 이런 전략이 자신의 이미지를 좋게 만드는데 활용될 수 있습니다. 자신의 인기와 영향력을 높이기 위해 정치를 이용하는 행위인 포퓰리즘의 전형적 형태죠(저는 기본적으로 올바른 목적을 지닌 복지라면 사회에 꼭 필요하다는 입장입니다. 그러나 복지를 자신의 인기를 위해 활용하는 경우라면 이에 반대합니다).

그렇기 때문에 우리는 명성을 얻을 때 필요한 조건을 생각해보아야 합니다. 대개 명성은 사적인 방법과 공적인 방법으로 얻을 수 있습니다. 공적인 수단으로 명성을 얻으려면 공동선을 이루기 위하여 마음가짐을 바르게 하고 훌륭하게 행동하면 됩니다. 만약 이런 과정이 모든 시민에게 열려있고 그들이 명예를 얻고 만족할 수 있는 보상체계가 마련되어 있다면 사회는 이상적인 방향으로 흘러갑니다. 진정성을 갖고 소박하게 자신에게 주어진 역할을 최선을 다해 수행하는 사람이 많은 곳이라면 미움을 받을 가능성이 낮습니다.

반면에 사적인 방법은 개인에게 사사롭게 돈을 빌려주거나 유사한 호의를 베풀어 환심을 사는 방식으로 진행됩니다. 당연히 공적인 방법보다 효과가 좋습니다. 그러나 이렇게 될 경우 개인이 영웅시되는 현상이 발생하기 때문에 단체의 법규를 엄정하게 적용하기 어렵다는 문제가 생깁니다. 가장 큰 장벽은 그의 편이 된 시민들입니다. 규모와 상관없이 그에게 혜택을 입은 사람은 자신의 영웅에게 해로운 일이 생기는 것을 원하지 않기 때문에 국가의 정책에 격렬히 저항합니다. 로마의 원로원이 멜리우스 사태에서 염려했던 것은 바로 이 부분이었죠.

지금 저희가 살펴보는 것은 과거의 기록된 역사이기 때문에 멜리우스에게 어떤 의도가 있었는지 정확하게 파악할 수는 없습니다. 혹 자료가 남아있더라도 그 문서의 신뢰성도 장담하기 어렵죠. 허나 이 사례를 통해 배울 수 있는 점은 확실히 있습니다. 우리는 공동선을 이루기 위해 노력하면서도 이를 정치적인 의도로 보이지 않도록 자신의 입장을 확실하게 정리하고 행동해야 합니다. 내가 하는 행동에 주의를 기울이지 않으면 내 의도와는 상관없이 다른 사람들의 선동에 의해 위험한 상황에 처할 수도 있습니다. 만약 이런 사태가 발생한다면 우리는 매우 억울할 것입니다.

내가 주도할 수 없는 원인에 의해 인생이 바뀌는 경험은 썩 유쾌한 것이 못됩니다.

제가 이 사례를 통해 여러분들께 말씀드리고 싶은 것은 2가지입니다. 첫째는, 우리가 사익보다는 공익을 추구하며 사회의 발전을 위해 자신의 능력을 (비록 작을지라도) 보태야 한다는 점이고, 둘째는 자신의 욕심을 숨기고 공익의 탈을 쓴 위선자를 잘 가려낼 수 있는 식견을 길러야 한다는 것입니다. 현대 사회는 고대의 로마보다 훨씬 복잡하고 생각해야 할 요소도 많습니다. 공부하지 않으면 자신을 지키기 어렵습니다. 또한 이런 공부는 자신을 발전시키며 사회에 긍정적 가치를 제공할 수 있는 원동력이 되기도 합니다. 열심히 공부하고 나눕시다. 그 가운데 우리의 인생에 큰 변화가 있을 것을 확신합니다.

희망을 대출해 드립니다

우리의 삶에서 돈은 매우 중요한 요소입니다. 최근에는 돈으로 모든 것을 살 수 있다고 주장하는 사람이 많습니다. 비슷한 내용의 책도 있습니다. 마이클 센델의 '돈으로 살 수 없는 것들'이 대표적인 사례입니다. 그는 책에서 돈과는 비교할 수 없는 숭고한 가치가 있다는 주장을 펼치지만, 예시로 기록된 내용들을 살펴보면 사람의 존엄성을 찾아보기 힘든 상황도 많습니다. 돈을 더 많이 낸 죄수에게 더 좋은 방을 주거나, 부자들은 전쟁터에 나가지 않는 것 등이 지금 제 머릿속에 떠오릅니다.

그렇기 때문에 오히려 돈이 필요 없는 곳에서 삶의 만족도가 높아지는 기현상이 발생하기도 합니다. 태평양 한가운데에 위치한 섬 핀지랩, 190명 남짓의 사람들이 사는 이곳의 연간 1인 소득은 500달러(55만 원 내외)가 안 됩니다. 반면에 삶의 만족도는 매우 높습니다. 자연환경이 좋지 않아 매번 치열하게 미래를 걱정해야 함에도 불구하고 문제가 있으면 함께 모여 해결하며 서로 배려하는 이들의 모습을 보고 있노라면 우리가 배워야 할 점이 많습니다.

그러나 꼭 이렇게 살아야만 행복할 수 있다는 내용을 강조하는 것도 이치에 맞지 않습니다. 삶의 질적 측면에서 비교할 수가 없기 때문입니다. 생각해 보아야 할 문제죠. 데이비드 소로가 쓴 작품인 월든에서 주인공이 세상의 모든 것을 버리고 혼자 살며 생각하고 기록한 내용이 공감을 불러일으키긴 했지만 현대인이 이렇게 하려면 정말 큰마음을 먹어야 합니다. 그렇기 때문에 이처럼 특이한 케이스가 아니라면 거의 대부분의 사람들은 돈에서 자유롭지 못합니다. 이 글을 쓰는 저 역시도 마찬가지입니다.

우리가 잘 모르는 제3세계에서도 이런 일이 많이 발생합니다. 방글라데시에 살고 있는 무함마드 유누스는 우연히 대학 주변에 있는 마을을 다니다 작은 대나무 의자를 만들어 생계를 유지하는 여성을 만납니다. 그 여인은 재료를 사기 위해 필요한 돈을 고리대금업자에게 빌렸기 때문에 버는 돈을 모두 그에게 바쳐야 했죠. 아무리 열심히 일을 해도 나아지지 않는 현실 때문에 그녀의 삶은 점점 수렁으로 빠져드는 중이었습니다.

이 광경을 본 그는 대학생들과 함께 문제를 해결할 방법을 고민하다 마이크로 크레딧(무보증, 무담보 소액 신용대출)을 떠올리고 여러 은행을 찾아가 가난한 사람들을 위한 대출 프로그램을 소개했습니다. 그러나 은행의 반응은 냉담했습니다. 돈을 받을 가능성이 높지 않은 사람들을 위한 상품을 만들 수 없다는 이유에서였습니다.

결국 유누스는 이 조건을 충족할 수 있는 은행을 직접 세우고 '그라민'이라는 이름을 붙입니다. 방글라데시어로 '마을'이라는 뜻이 있는 이 은행은 자본금이 없어 물건이나 돈을 빌려 장사를 해야만 했던 극빈층을 대상으로 대출을 진행했습니다. 사회적 기업의 역할을 알고 있었던 것은 아니지만 그 목적 자체가 영리를 추구하는 일반 기업과 달랐던 것이죠.

그라민 은행에서 대출을 받는 절차는 간단합니다. 자신이 가난하다는 사실만 증명하면 되기 때문입니다. 대출 승인도 비교적 수월하게 이뤄지는 편입니다. 다만 특이한 점이 있다면, 대출의 대상이 개인이 아니라 집단이라는 것입니다. 방글라데시 전체 산업의

80%는 농업입니다. 농업 사회에서는 지역간 결속력이 강합니다. 유누스가 주목한 것은 이점입니다. 그는 대출을 받고자 하는 사람들을 5~10여 명의 그룹으로 묶어 공동 책임을 묻습니다. 만약 누군가가 대출금을 갚지 않는다면 나머지 사람이 남은 상환액을 지불해야 합니다. 그러니 집단 안에 소속된 사람들의 연대감은 자연스럽게 강해집니다. 그룹 내의 사람들은 자신들만의 규칙을 만들고 노력하며 그 결과로 대출금을 상환할 수 있게 되죠.

이런 의미에서 볼 때 그라민 은행이 주는 것은 단순한 돈이 아닙니다. 비록 적은 금액일지는 모르지만 그 돈은 가난한 사람들의 삶 하나하나에 담긴 꿈과 희망의 불씨를 살리는 장작의 역할을 합니다. 이전까지의 삶에서 지독한 고통만을 느꼈다면, 이제는 열심히 하면 더 나은 인생을 누릴 수 있다는 희망이 생겼습니다. 이는 통계상으로도 이미 증명되었습니다. 그라민 은행의 대출 상환율은 연평균 90%로 매우 높은 편입니다. 방글라데시 내의 다른 상업 은행이 보증인과 담보를 요구함에도 불구하고 돈을 제때 받지 못하는 것과는 대조적입니다. 이런 노력을 여러 곳에서 알아준 탓인지 그라민 은행은 2006년 노벨 평화상의 주인공이 되었습니다. 가난한 사람들에게 희망을 주는 선한 일을 한다는 이유에서였습니다. 저는 이 은행이 초심을 유지하며 앞으로도 계속 공익적인 활동을 했으면 하는 소망이 있습니다. 만약 이곳이 탐욕으로 가득 찬

공간으로 변한다면 많은 사람이 슬퍼할 것입니다.

동중서의 저작인 춘추번로를 살펴보면 다음과 같은 내용이 있습니다.

> "사람의 도리와 법도를 제정하고, 위와 아래를 차등지어 분별하며, 큰 부자는 교만에 이르지 않도록 하고, 크게 가난한 사람은 마땅히 삶을 걸러 근심하지 않도록 인도한다. 이와 같은 바탕 위에서 제도를 만들어 균등하게 하고, 부자가 재산을 지나치게 모으지 않도록 하여, 위와 아래가 서로 편안하게 만들었다. 이 때문에 나라와 백성은 쉽게 다스려진다. 그런데 지금 세상에서는 성인의 제도를 버리고 각자가 욕심만을 채우고자 한다. 욕심은 만족을 모르고 풍속은 어지러워져, 그 끝을 알 수 없다."

위의 문구는 나라를 잘 다스리기 위해 지도자가 갖추어야 할 역량입니다. 우리가 주목해야 할 부분은 '크게 가난한 사람을 지원해주어야 한다는 내용을 강조했다는 점'입니다. 따지고 보면 이 일은 지도자 뿐만 아니라 평범한 사람도 할 수 있는 것입니다. 그리고 그 도움이 재정적인 부분이어야 할 필요도 없죠. 그라민 은행의 경우만 살펴봐도 이 점은 명확히 드러납니다. 그라민 은행이 실시한 대출은 큰 금액이 아닙니다. 그러나 그 돈은 가난한 사람들에게 꼭 필요한 씨앗의 역할을 했습니다. 우리가 다른 재능을 바탕으로 주변에 베풀 수 있는 무언가가 있다면 돈 대신 그 능력을 활용해도 결과는 비슷하게 나올 것입니다. 중요한 건 주변을 돕겠다는 마음이죠.

우리의 사명이 무엇인지 생각해봅시다. 이유없이 태어나는 사람은 세상에 없습니다. 우리는 각자의 목적을 온전하게 달성하며 더 나은 세상을 만들기 위해 노력하는 과정을 통해서만 삶의 의미를 찾을 수 있습니다. 약자를 돕기 위해 그라민 은행을 설립하며 열심히 자신의 역할을 수행했던 유누스를 떠올려봅시다. 우리가 비록 그처럼 큰 프로젝트를 할 수는 없다 할지라도 우리가 사회에 보탬이 될 수 있는 방법은 많이 있습니다. 사람에게 주어진 재능은 여러 사람들을 위해 쓰여야 합니다. 그것이 우리가 생각해야 할 삶의 목적입니다.

사람들의 지지를 얻을 수 있는 일을 하라

힘은 자연스러움에서 나온다

사람들은 저마다 다른 생각을 합니다. 그러므로 자신의 이익을 극대화시키는 방법은 각각 다릅니다. 당연히 이런 현상은 대립을 불러일으킵니다. 누군가에게 이익이 되는 행위가 다른 누군가에게 피해를 입힐 수도 있습니다. 정치적으로 진보와 보수가 생기는 것도 이 때문입니다. 보수는 자신이 가진 힘과 권력을 지키려 하고 진보는 현재 상황을 어떻게든 바꿔보려 노력합니다.

이런 이유로 사람들의 지지를 얻으려면 다양한 상황을 고려해야 합니다. 일반적으로 우리가 생각할 수 있는 건 그들이 무엇을 원하는지, 집단 간의 의견 차이는 없는지, 사람들이 나를 얼마나 신뢰하는지 등입니다. 그런데 마키아벨리는 전혀 다른 측면에서 이 내용을 언급하고 있습니다. 우리는 이를 그의 작품인 로마사 논고에서 찾아볼 수 있죠.

> "여기에서 두 가지 사항이 고려되어야 한다. 첫째, 부패한 도시에서 영광을 추구하고자 하는 자들은, 질서 정연한 법에 의해 지배되는 도시에서와는 다른 방식을 채용해야 한다는 점이다. 둘째(첫째와 거의 동일한 논점인데), 사람들은 자신들의 행동에서 그리고 중대한 행동에서는 그만큼 더 시대를 잘 고려해야 하고 시대에 자신들을 적응시켜야 한다는 점이다."

이 문구에서 가장 강조하는 내용은 환경적인 요인입니다. 우리는 주변의 상황에 따라 다양한 전략을 활용해야 합니다. 만약 모두가 나쁜 행동을 하는 곳에서 착한 행동을 하는 사람이 있다고 가정해봅시다. 그 사람은 아마 주변으로부터 나쁜 사람이라고 비판받을 것입니다. 그 이유는 간단합니다. 다르기 때문입니다. 이처럼 환경적 요인은 집단의 행동을 결정하는데 매우 중요한 요소로 작용합니다. 로마사 논고를 읽다 보면 이와 비슷한 내용을 자주 발견할 수 있습니다.

> "잘못된 선택이나 태생적인 성향 때문에 시대와 잘 조화

하지 못하는 사람들은 일반적으로 불행 속에 살며 그들의 행동은 나쁜 결과를 낳는다. 하지만 시대와 잘 조화하는 사람들은 그 반대이다."

그렇다면 악한 시대에 태어난 사람들은 생존을 위해 선보다 악을 택해야 하는 것일까요? 단순히 개인적 이득에 비추어 생각해보면 이 답지는 그리 나쁘지 않습니다. 허나 이는 윤리적으로 옳은 행위가 아닙니다. 자신의 이익을 보호할 목적으로 수많은 사람들에게 피해를 입히기 위해 우리가 세상에 태어난 것은 아닙니다. 모든 삶에는 이유가 있습니다. 그리고 이렇게 자신의 이익만 추구하다 보면 결국은 주변으로부터 외면받을 수밖에 없습니다. 자기밖에 모르는 회사 대표를 좋아하는 직원은 아무도 없습니다. 만약 그곳이 중소기업이라면 직원들은 빠른 속도로 이탈할 것입니다. 마키아벨리는 이런 현상을 국가적인 차원에서 재조명했습니다.

"만약 어떤 정부가 폭력에 의해 형성되었다면 틀림없이 많은 사람들에게 해를 입히고 생겨났을 것이며, 붕괴할 때에도 과거에 해를 입은 자들은 필연적으로 복수를 시도하고, 이러한 복수의 열망은 유혈과 죽음을 낳는다. 그러나 만일 그 정부가 절대다수의 일반적 동의에 의해 수립된 위대한 정부라면, 비록 그 다수 집단이 붕괴하더라도 지도자 외에는 다른 누구에게도 해를 입힐 이유가 없다."

이와 같은 주장은 동양의 철학에서도 발견됩니다. 도덕경 30장의 내용이 대표적입니다. 노자는 무력을 사용하여 세상에 군림하는 행위를 나쁜 것으로 인식했습니다.

"도道로써 군주를 보좌하는 사람은
무력을 써서 세상에 군림하는 일이 없도록 해야 합니다.
무력을 쓰면 반드시 그 대가가 돌아오게 마련이어서
군사가 주둔하던 곳엔 가시엉겅퀴가 자라나고,
큰 전쟁 뒤에는 반드시 흉년이 따르게 됩니다."

노자는 사람들의 지지를 얻으려면 도의 원리에 순응해야 한다고 주장했습니다. 그는 도에 가장 가까운 형태를 지닌 것으로 물을 꼽았습니다. 항상 높은 곳에서 낮은 곳으로 흐르며 세상의 모든 더러움을 품고 가는 물이야말로 그 기준에 합당하다는 것이죠. 만약 누군가에게 이런 덕이 있다면 그는 사람들로부터 신뢰와 명성을 얻을 수 있을 것입니다. 이 글을 읽는 모두가 알고 있다시피 신뢰는 거저 생기지 않습니다. 상대방에게 좋은 이미지를 주며 끊임없이 그들의 이익을 위해 노력해야 겨우 형성되는 것이 신뢰입니다.

재미있는 것은 요즘 들어 신뢰가 디지털 데이터를 기반으로 하여 측정이 가능하다는 점입니다. 예를 들어 우리가 자주 하는 SNS에서는 유명인사일수록 그의 의견에 공감하는 사람이 많습니다. 단순히 좋지 않을까라는 추측에서 벗어나 숫자로 확인할 수 있기 때문에 자신의 영향력을 높이려는 사람들은 이에 매우 민감하게 반응합니다. 생존을 목적으로 삼으면서 자연스럽게 이런 가치를 추구하게 된 것입니다. 이제 한 사람의 신뢰와 명성은 신뢰성, 영향력, 그리고 지위와 같이 규정하기 힘든 개념보다 측정 가능한 스코어에 의해 결정됩니다. 사회적 연결과 관계를 "디지털화" 하는 것은 사람으로부터 가치와 통찰력을 추출하고, 신뢰를 코드화하고 상품화합니다. 무서운 세상입니다.

그렇기 때문에 우리는 더더욱 순리에 따르는 삶을 살아야 합니다. 내가 하는 모든 행동이 숫자와 데이터로 남는 무서운 세상입니다. 이는 예전처럼 진실을 숨기기 어려워졌다는 사실을 의미합니다. 사람들의 마음을 얻으려면 먼저 그들의 마음에 드는 일을 해야 합니다. 그렇게 하지도 않으면서 먼저 지지를 달라고 호소하는 것은 이치에 맞지 않습니다. 항상 올바른 가치를 생각하고 이를 꾸준히 실천합시다. 그렇게 한다면 사람들은 저절로 당신을 따를 것입니다. 이것이 사람들이 지지를 얻는 유일한 방법입니다.

사람들의 마음을 얻는 방법

사람들의 마음을 얻기 위해 우리가 해야 할 일은 무엇일까요? 가장 먼저 생각해야 할 것은 그들과 좋은 관계를 유지하는 일입니다. 이 목적을 달성하려면 다양한 조건을 생각해야 합니다. 금전적으로 서로 원만해야 할뿐더러 서로에게 도움이 되어야 하죠. 하지만 무엇보다도 중요한 것은 신뢰입니다. 앞서 말한 모든 조건들도 믿음이 없이는 오래 지속할 수 없기 때문입니다.

그렇다면 신뢰를 쌓을 수 있는 가장 좋은 방법은 무엇일까요? 답은 간단합니다. 그 사람이 원하는 바를 이뤄주고 진실된 마음으로 성공을 응원하면 됩니다. 이 과정을 오랫동안 반복하면 신뢰는 자연스럽게 생깁니다. 물론 그 가운데 나를 이용하려는 사람도 생길 수 있습니다. 이때 중요한 건 다른 사람을 도와주면서 내가 얼마만큼 함께 성장할 수 있는지를 확인하는 것입니다. 다른 사람만 생각한다면 내가 얻을 수 있는 건 그리 크지 않기 때문입니다.

실제로 이런 방식으로 상대방에게 어필하는 전략은 효과가 뛰어납니다. 흔히 말하는 넛지 마케팅입니다. 상대방이 꿈을 이룰 수 있도록 먼저 돕고 그 과정에서 진짜 자신이 원하는 것을 넌지시 제시하는 전략이 가장 대표적입니다. 요즘 소비자는 예전과 다르게 매우 현명합니다. 대개 이들은 무작위로 전달되는 광고에 피로감을 느끼고 광고에 매우 부정적으로 반응합니다. 그렇기 때문에 마케터들은 이처럼 얼어붙은 소비자들의 마음을 녹이기 위해 다양한 전략을 고민합니다. 이 과정의 목적 또한 소비자들로부터 신뢰를 얻기 위한 것입니다.

이런 면에서 볼 때 피렌체의 종교 지도자였던 사보나롤라는 우리가 깊이 공부할 가치가 있는 인물입니다. 신 마르코 수도원 출신인 그가 가장 잘하는 것은 설교였습니다. 그는 파격적인 내용과 직설적인 표현으로 피렌체 시민들의 마음을 사로잡았습니다. 설교의 주제는 주로 타락한 교황청과 향락에 젖어 사는 시민들이었습니다. 특히 비판의 대상이 된 교황인 알렉산데르 6세는 군주론의 모델인 '체사레 보르자'의 생부였습니다. 중세 카톨릭이 금욕주의를 강조했다는 사실을 떠올려 볼 때 이 당시 교황청이 얼마나 타락했는지는 우리가 쉽게 미루어 짐작할 수 있습니다. 사보나롤라는 이들에게 비판적인 입장을 취하며 대중의 공감을 불러일으켰고 그에 따라 조금씩 인지도도 높아졌습니다.

그가 명성을 얻게 된 가장 대표적인 사건은 1492년에 한 예언입니다. 사보나롤라는 '머지않아 피렌체에 하느님의 징벌이 있을 것이다'라는 말을 남겼습니다. 이 예언은 2년 뒤 샤를 8세가 피렌체를 침공하면서 사실로 증명되었습니다. 그럼에도 불구하고 그는 도망가지 않고 샤를 8세의 침공을 막는 지도자의 모습을 보여주며 단번에 시민들의 마음을 샀습니다. 이때 사보나롤라가 쌓은 정치적 기반은 이후 그를 신정 정치의 실세가 될 수 있도록 하는데 결정적인 역할을 했죠. 확실히 누군가를 위해 자신의 열정을 불태우는 모습은 다른 사람들의 마음을 쉽게 감동시킵니다.

그가 실시한 '허영의 화형식'으로 대중의 시선을 사로잡았습니다. 향락적인 피렌체의 문화를 멀리하자는 그의 의견이 반영되면서 허영의 상징으로 지적된 무도회의 가면, 도박 도구, 조각상, 미술작품, 책 등의 물품이 한 군데에 모였습니다. 산더미처럼 쌓인 물품이 광장에서 불타는 모습은 하나의 장관이었습니다. 피렌체의 모든 성당은 타종을 하며 이 거룩한 시간을 기념했습니다. 사람들은 그의 이런 조치에 눈물을 흘리며 감동했습니다.

그런데 이런 그의 모습이 달갑지 않은 곳이 있었습니다. 바로 비판의 대상이 되었던 교황청이죠. 교황은 사보나롤라가 눈엣가시였기 때문에 그를 파문했습니다. 그리고 사보나롤라를 자신들에게 인계하라는 요청을 하죠. 교황청은 이후 그들의 의견에 반대하는 사람들을 대상으로 자신들의 권력을 악용합니다. 이 조치로 인해 피렌체 사람들은 많은 재정적 피해를 입었습니다. 결국 교황청의 압박을 견디지 못한 많은 사람들이 사보나롤라에 대한 지지를 철회합니다. 자연스럽게 그의 힘도 약해졌죠.

또한 그의 권위를 의심하며 날아든 공개 도전장도 입지를 약화시키는 한 원인으로 작용합니다. 사보나롤라와 경쟁했던 크로체 성당의 한 승려가 하느님의 예언자인지 확인하기 위해 함께 불의 심판을 받자고 한 것이 사건의 시작이었습니다. 평소 같으면 가볍게 무시해도 될 법한 일이었지만 사람들의 반응은 좀 달랐습니다. 실제로 이를 확인해보자는 주장이 이들 사이에서 제기된 것입니다. 사보나롤라는 진퇴양난의 상황에 빠집니다. 그는 시간을 끌다 결국에는 불에 들어가는 걸 거부했습니다(시간을 끄는 과정에서 화형식을 준비했던 장소에 비가 내려 행사를 진행할 수 없게 되었습니다). 당연히 대중은 무섭게 돌아섰죠. 이후 사보나롤라는 시민들에게 버림을 받은 채 죽음을 맞이합니다. 그가 죽은 장소는 허영의 화형식이 있었던 시뇨리아 광장, 사형 집행 방식은 화형이었습니다. 참으로 역설적입니다.

우리는 사보나롤라를 어떻게 보아야 할까요? 혹자는 사보나롤라가 합리적인 사고를 하지 못하는 사람들에게나 먹힐 법한 협박을 효과적으로 사용하는 설교로 우매한 시민들을 뒤에서 조종한다는 견해를 보이기도 합니다. 소위 말하는 포퓰리즘의 대표적인 사례라는 것이죠. 따지고 보면 사보나롤라는 대중의 지지를 기반으로 권력을 잡은 인물이기 때문에 이 비판에서 자유롭기는 어렵습니다. 그가 불에 들어가지 않았을 때 대중은 무서울 정도로 그에게 분노했습니다. 사보나롤라가 몰락한 이유는 이 때문입니다. 사람들이 공감할 수 없는 일을 하며 그들에게 피해를 주는 행위는 신뢰를 저버리는 행동입니다(물론 사람들의 공감이 항상 옳은 것만은 아닙니다).

 이 사례를 통해 우리는 올바른 방법을 끝까지 고수해야 한다는 사실을 깨달아야 합니다. 또한 지지를 얻기 위해 법에 어긋나는 행동을 해서도 안 되죠. 만약 사보나롤라가 만약 초심을 유지하며 대중을 위해 일을 하는 모습을 보였다면 이런 비극은 일어나지 않았을 것입니다. 대중들이 원했던 사보나롤라의 모습을 한마디로 표현하면 '거대한 교황청의 압력에도 굴하지 않고 그들을 대변하는 당당함'이었습니다. 지금 우리에게는 당당함이 있을까요? 당당한 자세를 갖추려면 무엇을 해야 할까요? 그 대답은 사람마다 다르겠지만 무엇보다도 가장 중요한 조건은 세상의 어려움에도 굴하지 않는 강하고 곧은 마음일 것입니다. 글의 서두에 언급한 신뢰도 바로 이 마음을 통해 나오죠. 이 글을 읽는 모든 분들이 그런 마음을 갖게 되길 진심으로 소망합니다.

모든 것을 돈에 의존하지 마라

돈으로 산 능력은 영원하지 않다

자신의 영향력을 향상시킬 가장 좋은 방법은 무엇일까요? 선행을 한다, 상대방이 경제적 이득을 취할 수 있도록 돕는다 등 다양한 대답이 물망에 오릅니다. 기본적으로 상대방이 나에게 좋은 이미지를 갖게 하려면 그의 고민을 해결해 줄 수 있는 능력이 내게 있어야 합니다.

그러나 고대의 지도자들은 이 두 방법 중 어느 것도 택하지 않았습니다. 오히려 이들의 마음을 사로잡았던 선택지는 전쟁이었습니다. 자신의 이름을 천하에 알리고자 하는 지도자들의 욕망이 반영된 결과가 아닐까 생각합니다. 사실 이런 모습은 올바른 지도자의 표본이 아닙니다. 노자의 도덕경에 '가장 좋은 왕은 그 사람이 있는지조차 국민들이 알지 못한다'는 말이 기록되어 있음에도 불구하고 이들은 그 사실을 알지 못했던 것 같습니다. 아니면 모른

척 했을 수도 있겠죠.

하지만 자세히 살펴보면 올바른 명분 하에 실시된 전쟁은 생각보다 장점이 많습니다. 승리하여 획득한 넓은 땅에서는 이전보다 많은 세금이 나옵니다. 개인의 즐거움을 누리는 것이 삶의 목적이라면 이렇게 얻은 돈으로 연회를 즐기면 됩니다. 지도자가 원하는 미녀와 명주도 마음껏 즐길 수 있을테죠(물론 이 경우 전쟁의 명분은 사라집니다). 반면에 현명한 지도자라면 이 돈을 백성들을 위해 사용할 것입니다. 국가 기반을 튼튼히 하고 백성들을 보호, 양육하기 위한 다양한 정책에 적절한 비용이 지원되겠죠. 결국 이는 지도자의 선택에 달려있습니다. 중요한 것은 어떤 방식을 택하든 지도자는 자신이 원하는 바를 이룰 수 있는 힘을 갖게 된다는 사실입니다.

그러나 이 모든 혜택을 누리기 위한 전제조건이 하나 있습니다. 전쟁에서 승리해야 한다는 것입니다. 다만 문제는 전쟁에서 이기는 일이 생각보다 쉽지 않고 다양한 변수가 발생한다는 점입니다. 이 사실을 모르고 자신의 능력을 과신하여 비극적인 결말을 맞이하는 사람이 의외로 많다는 것은 아이러니입니다.

전쟁의 승패를 결정하는 핵심 요소는 무엇일까요? 서양의 전략가인 클라우제비츠가 쓴 전쟁론을 읽어보면 이 부분을 새로운 시선으로 분석할 수 있습니다. 그가 강조한 전쟁의 핵심 요소는 정치적 목적(이성), 폭력(열정) 그리고 우연성의 3가지입니다. 첫 번째 조건인 정치적 목적 및 이성은 손자병법의 서두에서 강조한 도(道-명분)와 일정부분 공통분모를 공유합니다. 이후의 조건도 마찬가지로 대입해본다면 폭력(열정)은 법(法-규율, 상벌체계), 우연성은 천(天-천기)에 가장 비슷합니다.

문제는 여기서 발생합니다. 앞의 2가지 요소는 노력으로 어떻게든 보완할 수 있습니다. 그러나 마지막에 언급된 우연성의 경우 개인의 능력에서 벗어난 요소라 통제가 쉽지 않습니다. 그러므로 지도자들은 이 문제를 해결하기 위해 부단한 노력을 기울였습니다. 그 중 하나로 지도자들이 선호했던 방법은 발생하는 문제를 해결하기 위해 자금력을 갖추는 것이었습니다.

사람들이 전쟁에서 돈이 중요하다고 생각했던 이유는 간단합니다. 그들은 클라우제비츠가 말했던 3가지 요소 중 우연성과 관련된 부분을 돈으로 보완할 수 있다고 판단했습니다. 그러나 여기서 한 가지 의문점이 생깁니다. 우리가 예측하지 못하는 다양한 문제를 돈으로 해결할 수 있을까요? 제 생각은 약간 다릅니다. 여러 전문가들 역시 이 견해에 부정적입니다. 마키아벨리 역시 이와 비슷한 주장을 펼치고 있죠. 다음의 내용을 살펴봅시다.

"누구든지 자기 마음대로 전쟁을 시작할 수는 있지만 끝내는 것은 자기 마음대로 할 수 없다. 따라서 군주는 모험을 감행하기 전에 자신의 무력을 측정해보아야 하고 또 그에 따라 처신해야 한다. 아울러 군주는 자신의 무력에 대해 스스로 속는 일이 없도록 상당한 신중함을 유지할 필요가 있다. 군주가 자신의 군대를 갖고 있지 않음에도 불구하고 자신의 무력을 금력이나 지형상의 유리함 또는 사람들의 선의로만 측정한다면 그는 항상 스스로를 기만하는 셈이 될 것이다."

이 문구의 핵심은 '무력을 금력이나 지형상의 유리함만으로 판단하지 마라'입니다. 대부분의 사람들은 금력을 좋은 것이라 생각하지만 실상은 반대입니다. 금력이 위험한 가장 큰 이유는 이 요소가 개인 혹은 집단의 정확한 능력을 판단할 수 없도록 우리의 시야를 가리기 때문입니다. 대개 사람들은 돈으로 무언가를 마련해놓고 그것을 내 능력이라 착각하는 경우가 많습니다. 그러나 오늘날의 경우 이는 누군가로부터 빌린 돈일 가능성도 배제할 수 없습니다(벤처기업의 투자유치가 대표적). 이는 어떤 형태로든 상대방에게 돌려줘야 하는 빚입니다. 그러나 겉으로는 아무 문제가 없어 보이기 때문에 대개 평범한 사람들의 경우 이런 조작에 잘 속아 넘어갑니다. 그렇기 때문에 우리는 공부를 통해 본질을 보는 역량을 강화해야 합니다.

그렇다면 어떻게 해야 이 역량을 강화할 수 있을까요? 마키아벨리가 기록했던 부분을 함께 확인하며 그 방법을 찾아보도록 합시다. 아래는 그가 이야기하는 전쟁의 핵심입니다.

> "충성스러운 군대가 없다면 아무리 엄청난 금력도 당신에게 충분하지 않을 것이고, 나라의 국력도 당신에게는 아무런 이익이 되지 않을 것이며, 사람들의 충성심과 선의 또한 지속되지 못할 것이다. 왜냐하면 당신이 백성들을 방어할 수 없다면 그들 또한 당신에게 충성을 바칠 수 없기 때문이다. 모든 산과 호수 그리고 모든 험난한 요새도 강력한 방어자가 그곳에 있지 않다면 평지나 다름없게 될 것이다. 금력 또한 당신을 방어하기는 커녕 단지 손쉬운 약탈대상으로 만들 뿐이다."

마키아벨리는 국가가 안정적으로 운영되기 위해 가장 중요한 요소를 '충성스러운 군대'라고 판단했습니다. 국가가 아닌 개인의 입장에서 볼 때 이에 해당하는 가치는 무엇일까요? 이들의 특성은 '강직함, 충성심, 나를 보호하는 힘' 등의 덕목으로 요약됩니다. 이 요소는 개인이나 집단의 '힘'과 관련이 있습니다. 만약 우리에게 이런 능력이 없다면 세상을 살아가는데 많은 어려움이 생깁니다. 슬픈 이야기지만 이 능력은 사람마다 다릅니다. 이를 결정하는 요소는 개인의 노력과 열정입니다. 능력이 없는 상태에서 돈만 있는 경우도 그리 안전하지 않습니다. 이들은 마키아벨리가 경고한 대로 다른 집단의 먹잇감이 될 뿐입니다.

우리는 자신의 역량을 최대한으로 향상시킬 수 있도록 다양한 방법을 활용하며 공부에 몰입해야 합니다. 지나친 비약이라 생각하는 분들도 있겠지만 우리 주변의 어려움은 우리가 '약자'이기 때문에 생깁니다. 사실 우리가 약자가 될 수밖에 없었던 이유는 많습니다. 사회적 요인과 개인적 요인 2가지 모두 중요한 요소이겠죠. 그러나 저는 평범한 사람들과 비슷한 조건하에 있었음에도 불구하고 (흙수저) 다른 결과를 만들어내는 슈퍼맨들을 보면서 개인의 노력이 얼마나 중요한 역할을 하는지 다시 한 번 생각할 수 있었습니다. 그들은 잠을 줄이고 시간이 날 때마다 책을 읽고 연구하며 개인의 능력을 발전시켰을 것입니다.

그러므로 비록 국가가 시스템을 제대로 정비해주지 않았다 할지라도 이 사실이 우리의 게으름을 정당화하지는 않습니다. 문제를 해결하는 가장 좋은 방법은 적극적으로 움직이는 것입니다. 제도를 바꿔달라고 저항할 수도 있고 제도에 영향받지 않는 강한 나를 만들 수도 있죠. 물론 둘 다 쉬운 길은 아니지만 더 이상적인 방향을 선택할 수 있는 권한이 제게 주어진다면 저는 후자를 고를 것입니다. 주도적으로 내가 움직일 수 있다는 장점이 있을 뿐 아니라 그 보상도 훨씬 크기 때문입니다. 마키아벨리의 용어를 빌리자면 '충성스러운 군대'를 양성하는데 개인의 온 역량을 발휘하는 거죠. 로마사 논고에 기록된 다음의 문구를 통해서도 우리는 이 사실을 쉽게 유추할 수 있습니다.

> "돈은 실로 부차적 의미에서 꼭 필요한 것이지만, 훌륭한 군대라면 자력으로 얻어낼 수 있는 필수품인 것이다. 왜냐하면 돈 자체만으로 훌륭한 군대를 키워내는 일이 불가능한 만큼이나 훌륭한 군대에 돈이 부족한 일은 불가능한 것이기 때문이다."

이 말을 통해 우리는 '능력을 통해 돈을 벌 수 있다'는 내용을 기억해야 합니다. 앞서 강조한 바와 같이 돈이 능력을 가져다주는 일은 거의 발생하지 않습니다. 돈이 없으면 그 능력이 사라지기 때문입니다. 그러나 능력이 있으면 어떤 방식으로든 이를 활용하여 돈을 벌 수 있죠. 그러나 이런 전략을 택하는 사람들은 의외로 적습니다.

돈으로 가는 길은 언뜻 보면 매우 합리적이고 빠른 길인 것처럼 보입니다. 그러나 이는 자신을 속이는 기만행위입니다. 만약 돈이 많은 상태를 평생 유지할 수 있는 상위 1%의 사람이라면 이런 전략을 택하는 것도 나쁘지 않습니다. 그러나 이는 한국에 거주하는 99%의 평범한 사람들에게는 적용되기 어렵습니다. 오히려 길을 거꾸로 가는 방식이 훨씬 효율적입니다. 공부와 훈련을 통해 능력을 키우는 것이 먼저라는 뜻입니다. 이는 세상에 있는 현상을 향한 질문에서부터 시작합니다. 그리고 이를 해결하려는 노력을 거치며 자신의 능력으로 자리잡죠. 돈은 빠른 시간에 능력을 갖추도록 돕는 대신 이 과정은 생략하기 때문에 학습자는 문제를 해결하는 과정을 경험하지 못합니다. 시키는 일만 할 때는 큰 문제가 되지 않겠지만 스스로 판단해야 하는 위치에 올라갈 경우에는 큰 약점으로 작용할 수 있는 부분입니다.

그러므로 모든 것을 돈에 의존하는 태도는 옳지 않습니다. 빠른 길이 무조건 나쁜 것은 아니지만 우리는 이 과정에서 우리가 놓치는 요소가 있다는 점을 꼭 기억합시다. 그리고 지금 내가 집중해야 할 분야를 항상 기억하고 이에 몰입한다면 지금보다 훨씬 더 좋은 성과를 낼 수 있을 것이라 확신합니다. 이 글을 읽는 모든 분들이 그런 성과를 내길 진심으로 기원합니다.

막스 베버가 말하는 천민자본주의

현대는 자본주의 사회입니다. 자본

주의를 움직이는 핵심 요소는 돈입니다. 이 사실을 부인할 수 있는 사람은 많지 않습니다. 돈은 우리의 행동반경과 삶의 형태를 결정합니다. 이런 이유로 사람들은 돈을 벌기 위해 많은 노력을 기울입니다. 물론 돈보다는 다른 부분을 통해 삶의 가치를 찾는 사람들이 없는 것은 아니지만 대개 이들의 삶은 대중에게 잘 알려져 있지 않습니다. 오히려 특정한 목적을 갖고 이를 달성하기 위해 세부적인 지침을 하나하나 실천해나가는 사람이 더 많은 게 오늘날의 현실입니다.

그도 그럴 것이 산유국으로 유명한 아랍의 대부호들을 보면 우리가 왜 돈을 추구하는지 그 이유를 쉽게 알 수 있습니다. 금으로 도배된 스포츠카, 거리를 수놓는 수억 원 대의 고급 자동차를 흔하게 볼 수 있는 도로, 100층이 넘는 건물 옥상에 지어진 테니스장 등 이곳의 부자들은 우리의 상식을 뛰어넘는 기행을 벌입니다. 이런 모습은 우리나라의 방송에서 해외의 유명 사례라는 제목으로 소개되며 사람들의 욕망에 불을 지폈습니다. 저렇게까지는 되지 못하더라도 기본적으로 개인이 공통적으로 누려야 할 권리와 편의가 있다는 생각이 가슴속에 자리 잡은 것입니다. 사람들이 돈을 추구하게 된 이유는 이 때문입니다.

앞서 언급된 사례를 본 사람들 중 일부는 천민자본주의라는 말을 사용하며 현 상황을 비판합니다. 판단의 근거는 '그들이 돈을 올바르게 쓰지 못한다'는 것입니다. 이들은 자신을 위해 돈을 쓰는 것보다는 사회에 도움이 되는 일에 자본이 투입되어야 한다는 주장을 펼칩니다. 저도 개인적으로는 이 의견에 동의합니다. 사회에 이런 가치를 실현하는 사람들이 많아졌으면 합니다. 그러면 지금보다는 더 나은 사회가 구현될 수 있을 것이라 생각합니다.

그런데 천민자본주의라는 말은 어디서 시작된 것일까요? 이 단어를 처음 사용한 사람은 막스 베버입니다. 그는 우리에게 잘 알려진 '프로테스탄티즘 윤리와 자본주의 정신'이라는 책을 집필한 사회학자입니다. 그가 이 단어를 사용한 이유는 유럽 경제사에서 상인, 금융업자로 특이한 지위를 차지했던 유대인의 경제활동을 비판하기 위해서였습니다. 베버의 주장에 따르면 그들은 남들이 고생하여 만든 상품의 유통만 담당하는 사람들이었습니다. 이런 이유로 그는 이러한 행위가 건전한 자본주의 문화 형성에 방해가 된다고 판단했죠. 이후 이 단어는 정경유착을 통해 이익을 극단적으로 추구하며 윤리에 어긋나는 행위를 하는 기업을 비판하는 말로 사용되기도 합니다.

베버는 유대인이 경제활동을 하는 이유가 금전욕이라고 판단했습니다. 이들의 가치관은 주어진 직업에 최선을 다하며 금욕적인 생활을 해야 한다고 주장했던 그의 견해와 정면으로 배치되는 내용이었습니다. 게다가 그는 금융업은 생산과정을 거치지 않고 자본의 순환을 기반으로 이루어지는 사업형태이기 때문에 해당 업종이 새로운 가치를 생산하기 어렵다는 판단을 내립니다. 그리고 이런 행위가 성행하면 이후에 큰 자본이 들어와도 기득권층의 권위가 상승하여 자본주의 문화가 후퇴된다고 주장했죠.

잘 살펴보면 그의 주장은 한국사회에도 적용될 수 있습니다. 한국전쟁(6.25) 이후 급격한 속도로 경제규모가 커졌지만 이에 준하는 건전한 자본주의 문화가 형성되지는 못했기 때문입니다. 이는 한국사회에 시사하는 바가 많습니다. 특히 기업가가 아닌 개인의 입장에서는 이런 상황에서 자신을 보호할 수 있는 방법을 심도 있게 고민해야 합니다.

베버는 자신의 힘을 기반으로 노동력을 발휘하며 사회에 봉사하는 일을 가장 소중한 가치로 생각했습니다. 그러므로 그의 입장에서 보면 유대인이 주로 했던 금융업은 가까이해서는 안 될 천한 직업이었습니다. 물론 요즘은 이런 생각이 매우 위험하다는 것을 누구나 알고 있습니다. 현대는 실물경제 못지않게 금융경제의 중요성이 큽니다. 시대가 달라진 거죠.

이런 이유 때문에 우리는 외부에서 얻은 지식과 정보를 받아들이는 기준을 확실하게 정립해야 합니다. 과거의 지식을 익힐 때 우리가 가장 중요하게 생각해야 할 부분은 바로 이 지식이 현대에 어떤 방식으로 적용될 수 있는지 고민하는 일입니다. 과거의 지식은 현대사회에서 100% 적용될 수 없습니다. 베버의 의견도 마찬가지죠. 이를 판단할 수 있는 능력을 기르는 것도 현대 지식인에게 부여된 과제라 할 수 있습니다.

비록 그의 말이 현대 자본주의에는 적용되기 어려운 내용이 많지만 삶을 유지하는 규칙의 차원에서는 이를 깊이 생각해 볼 필요가 있습니다. 저는 다른 부분은 제외하고서라도 자신에게 맡겨진 일을 소중하게 여기며 사회에 봉사해야 된다는 그의 의견만큼은 우리가 가슴에 새겨야 한다고 생각합니다. 개인이 발전하려면 어떤 방식으로든 스스로의 힘으로 무언가를 이뤄낸 경험이 있어야 합니다. 그렇지 않고 좋은 결과를 기대하는 것은 옳지 못한 행동입니다.

글의 서두에서 이야기했던 대로 돈이 있으면 많은 일을 할 수 있습니다. 특히 특정 목적을 빠른 속도로 달성하려면 돈의 힘이 절대적으로 필요합니다. 그런데 여기서 한 가지 의문이 생깁니다. 돈으로 이룬 성과가 전부 내 것이 될 수 있을까요? 이 질문에는 선뜻 대답하기가 어렵습니다. 돈으로 이룬 것은 돈이 없으면 쉽게 무너집니다. 특히 그것이 공부나 개인적인 능력과 연관되어 있으면 이 원칙은 우리에게 절대적으로 작용합니다.

간단한 예를 들어보겠습니다. 우리는 공부를 잘하는 사람을 돈을 주고 고용할 수는 있지만 돈을 많이 갖고 있다는 사실이 우리를 저절로 똑똑하게 만들지는 않습니다. 또한 돈으로 행복을 살 수도 없죠. 2002년 노벨경제학상을 수상한 대니얼 커너먼 교수가 연구한 국민행복지수에 따르면 개인소득과 행복은 처음에는 비례하지만 연 소득이 7만 5천 달러를 넘어가는 순간부터는 큰 상관관계가 없습니다. 이는 돈으로 모든 것을 할 수 있다는 우리의 생각을 바꾸는 사례로 작용합니다. 물론 실제 연 소득이 7만 5천 달러가 되기 전까지의 행복을 살 수 있다는 의견에는 저도 동의합니다. 제가 말씀드리는 것은 이보다 더 큰 범위에서의 행복입니다. 오히려 행복은 돈보다는 개인의 성취감이나 주도성 같은 무형적 가치에 의해 결정되는 경우가 훨씬 더 많습니다. 돈으로 산다고 해도 금방 한계를 보이기 때문입니다.

현대를 살아가는 우리에게 가장 중요한 것은 세상과 맞서 싸울 수 있는 혹은 세상의 어려움을 꿋꿋이 버텨낼 수 있는 개인적 역량을 쌓는 일입니다. 이는 돈보다는 개인의 노력과 열정을 통해 만들 수 있는 가치입니다. 저는 유대인이 그토록 열심히 공부했던 이유가 이 때문이라고 생각합니다. 지식은 다른 사람에게 주어도 그 가치가 줄어들지 않습니다. 돈과 뒷배경이 없는 사람이 의지할 수 있는 최고의 자산인 셈이죠. 그런 의미에서 우리는 공부에 목숨을 걸어야 합니다. 먼저 내가 관심이 있는 분야부터 시작해보는 것은 어떨까요? 모든 걸 돈에 의존하는 태도보다는 오히려 이 방식이 훨씬 우리의 삶에 도움이 될 수 있을 것이라 생각합니다.

균형을 맞추어라

균형은 상황에 따라 달라진다

예능 프로그램에서 출연자가 받는 벌칙은 약방의 감초입니다. 그중에서도 우리에게 큰 즐거움을 선사하는 것은 '고무줄로 맞기'입니다. 길게 잡아당긴 끈의 한 쪽을 놓으면 고무줄은 채찍처럼 날아가 상대방의 얼굴에 꽂힙니다. 시청자는 출연자가 우스꽝스럽게 괴로워하는 모습을 보며 즐거워합니다. 다른 사람을 괴롭히고 싶은 취미가 우리에게 있기 때문일까요? 그 답은 사람마다 다를 것입니다.

줄을 놓았을 때 힘이 생기는 이유는 균형이 깨졌기 때문입니다. 잡아당기는 동안에는 당기는 힘과 버티는 힘이 서로 같기 때문에 고무줄이 튕겨나갈 염려가 없습니다. 그러나 둘 중 어느 한쪽이 버티던 손을 놓으면 상황은 완전히 반대로 바뀝니다. 고무줄은 순식간에 반대편으로 날아간 뒤 상대방의 얼굴에 큰 고통을 선사합니다.

우리는 이 사례를 통해 '균형'이 얼마나 중요한지 알 수 있습니다. 이는 우리의 삶에도 똑같이 적용됩니다. 우리는 간단한 고무줄에조차 힘의 원리가 적용된다는 사실을 기억해야 합니다. 애석하게도 우리는 일이 잘 되고 있을 때 이런 사실을 떠올리지 못합니다. 아마 그 당시에는 크게 필요하지 않다고 생각했기 때문이 아닐까 생각합니다.

그렇다면 고대에는 균형을 어떤 방식으로 유지하려 했을까요? 이 기준은 나라별로 조금씩 다릅니다. 예를 들어 아테네는 교양을 고루 갖춘 인간이 가장 이상적이라고 판단했습니다. 이들이 교육을 했던 초기에는 체육학교·음악학교가 발달하였고, 후기에는 소피스트의 수사학교(修辭學校)와 소크라테스, 플라톤, 아리스토텔레스의 철인 교육 등이 성행했습니다. 이 방식은 후에 서구에서 이상적으로 꼽는 모범 사례가 되었습니다.

반면에 스파르타는 조금 다릅니다. 7세 이상의 모든 남자아이들은 기숙학교에서 공동생활을 하면서 20세까지 철저한 군사훈련을 받고, 30세까지 군복무를 하고 나서야 시민권이 부여되어 결혼을 할 수 있었습니다. 스파르타에서는 균형을 유지하기 위해 가장 필요한 것으로 용감한 군인을 꼽았습니다. 이런 인식은 자연스럽게 교양보다는 육체적인 힘을 바탕으로 일사불란한 체제를 유지하는데 필요한 지식을 가르치는 교육을 강조하도록 만들었습니다.

의외로 마키아벨리는 이들 중 스파르타의 방식을 지지합니다. 그가 이상적인 사례로 꼽은 인물은 리쿠르고스. 마키아벨리는 로마사 논고에서 그를 이렇게 묘사했습니다.

> "이러한 정치질서를 만든 사람들 중에서 가장 크게 명성을 떨친 자는 리쿠르고스이다. 그는 왕, 귀족 및 민중에게 각각의 몫을 인정하는 법률을 스파르타에 마련해줌으로써 그 국가로 하여금 800년 동안이나 지속하도록 만들었다. 그 법률 덕분에 그는 최고의 명성을 누리게 되었고, 그 도시는 오랫동안 평화를 즐길 수 있었다."

제가 생각하는 균형의 개념은 '힘이 어느 한쪽으로 치우치지 않는 상태'입니다. 리쿠르고스는 스파르타의 모든 백성에게 각자 필요한 것을 보장했습니다. 중요한 것은 이들의 몫을 챙겨주면서 각 세력 간 힘의 균형이 깨지지 않도록 배려했다는 점입니다. 아테네의 솔론이 민중에 의해 지배되는 국가를 조직했던 것과는 상당히 대조적입니다. 예상대로 솔론의 시스템은 오래가지 못했습니다.

오늘날에도 이런 논의는 자주 발생합니다. 가장 대표적인 예가 신자유주의와 사회민주주의(이하 사민주의)입니다. 이 글을 통해 경제

이야기를 자세히 할 것은 아니므로 핵심만 간단히 요약해보겠습니다. 신자유주의는 시장의 자율성을 중시합니다. 반면에 사민주의는 정부의 개입과 복지를 강조하죠. 신자유주의는 미국과 우리나라가 채택한 제도, 사민주의는 유럽 복지국가의 모델이라 생각하면 이해가 빠를 것입니다. 이 중 어느 방식이 더 좋을까요?

먼저 신자유주의는 시장의 주도하에 국가의 양적 지표를 향상시킬 수 있다는 장점이 있습니다. 반면에 빈부격차가 심해지고, 자본가와 노동자의 대립이 커진다는 치명적인 단점을 내포합니다. 반면에 사민주의는 강력한 복지를 통해 모든 사람의 균형을 추구합니다. 허나 고소득층에게 엄청난 규모의 세금을 부과하기 때문에 그들의 근로의욕을 하락시키기도 하죠.

그런데 사실 개인의 차원에서 보면 이 논의는 그렇게 중요한 것이 아닙니다. 자신의 길을 찾지도 못하는데 국가의 제도의 옳고 그름을 판단하는 일이 큰 의미가 있을까요? 삶의 균형이 깨진 상태에서 자신을 돌보지 않고 다른 것을 먼저 하는 행위는 장기적인 측면에서 볼 때 썩 바람직한 편이 못됩니다. 대개 지도자들은 일반적인 경우 자국을 안정시키기 위해 다양한 제도를 활용합니다. 그런데 사회를 살아가는 평범한 개인은 이런 방식에 익숙하지 않습니다. 그저 흘러가는 대로 자신의 몸을 세상에 맡길 뿐이죠. 상황은 당연히 악화될 수밖에 없습니다.

그러므로 우리는 성숙한 시민의식을 바탕으로 옳고 그름을 판단하며 개인적 삶의 균형을 회복해야 합니다. 지도층이 국가를 유지하기 위해 신자유주의나 사민주의와 같은 경제 정책을 택하는 것처럼 삶을 움직이는 자신만의 법칙을 세워 봅시다. 각자의 입장에 따라 그 법칙은 다르게 적용되어야만 합니다. 꾸준히 실천하는 가운데 더 나은 방안을 찾을 수 있을 것입니다. 마키아벨리가 원했던 것도 아마 이 부분이 아니었을까요? 로마사 논고에 나와있는 다음의 문구는 이런 주장에 힘을 실어줍니다.

> "스파르타는 1인의 왕과 소수의 원로원에 의해 다스려졌다. 국가가 그토록 오래 지속될 수 있었던 이유로는 스파르타에 주민의 수가 적었다는 점, 그곳에 이주해 오려는 자들에게 문호를 개방하지 않았다는 점, 리쿠르고스가 만든 법률(그 법률을 통해 분란의 모든 소지들이 제거되었다)이 준수되었다는 점을 들 수 있다. 이런 이유로 그들은 오랫동안 단결을 유지하며 살 수 있었다."

수신제가치국평천하(修身齊家治國平天下)라는 말이 있습니다. 이 말에서 가장 중요한 것은 '스스로를 다스리는 일(修身)'입니다. 삶의 균형을 맞추려면 가장 먼저 스스로를 안정시켜야 합니다. 여러분들의 삶은 지금 어떻습니까? 만약 만족스럽지 못하다면, 자신을 깊이 돌아보고 균형을 찾는데 필요한 조건을 갖추도록 노력합시다. 변화는 그곳에서부터 시작될 것입니다.

좋아하는 일을 오래하는 법

좋아하는 일을 가장 오래할 수 있는 방법은 무엇일까요? 누군가는 이에 '몰입'이라는 답을 내놓습니다. 자신을 잊을 정도로 집중하며 좋아하는 일을 한다면 세상에서 가장 큰 즐거움을 얻을 수 있다는 말도 항상 따라옵니다. 실제로 우리는 주변에서 이런 사람들을 많이 봅니다. 좋아하는 일을 하면서 성공을 이끌어 낸 사람들을 볼 때마다 우리는 그들의 열정에 감탄합니다.

그러나 과도한 몰입은 오히려 건강을 해치기도 합니다. 집중력이 고도에 달한 상태에서 다른 무언가가 끼어들 여지가 없기 때문입니다. 대개 집중력이 높은 사람들은 식사 패턴이 불규칙적입니다. 이 과정에서 그들의 건강은 악화됩니다.

그렇기 때문에 우리가 이런 상황에 맞닥뜨리지 않으려면 삶의 균형을 유지하며 규칙적인 생활을 해야 합니다. 에너지를 과도하게 낭비하지 않으면서도 생산성을 높이는 삶은 규칙성과 깊은 관련이 있습니다. 이 예에 가장 부합되는 인물은 독일의 철학자 칸트입니다. 그는 정해진 시간에 일어나고 잠자리에 들었으며, 하루에 어떤 일을 할지조차도 세부적인 규칙을 나누어 정한 뒤 그대로 실천했습니다. 명망 있는 지식인의 삶을 다룬 책인 '지적 생활의 즐거움'에서는 이를 다음과 같이 설명하고 있습니다.

> "칸트는 순조로운 지적 생활은 순조로운 육체 생활에서 시작된다는 진리를 망각하지 않았습니다. 괴테처럼 낮에 머리가 아프다고 투덜거리면서 밤이 되면 또 두통의 원인이 되는 술에 취하는 어리석음을 저지르지 않았습니다. 그는 건강이야말로 철학자로서 자신에게 가장 필요한 재능임을 잊지 않았던 것입니다. 그래서 전력을 다해 건강을 유지하고자 힘썼습니다. 칸트만큼 평생을 바쳐 강한 의지로써 지적 생활을 지켜내려고 노력한 정신 노동자는 유례를 찾기 힘들 정도입니다."

그가 이렇게 생활할 수 있었던 원인으로 가정환경을 꼽는 사람들이 많습니다. 실제로 칸트는 경건주의에 충실했던 가정에서 성장한 것으로 알려져 있습니다. 이 신학적 환경이 그의 철학에 영향을 미쳤을 것이라고 말하는 사람들도 있죠. 이유야 어쨌든 그는 앞에서 언급한 규칙적인 생활을 바탕으로 철학사에 길이 남을 역작인 '순수이성비판', '실천이성비판', '판단력비판' 등의 명저를 집필합니다. 이 중 우리에게 가장 잘 알려진 순수이성비판을 아주 간결하게 요약하자면 '우리의 지식은 경험에서 시작하지만, 그 바탕에는 순수 지성 개념(개념틀)이 존재한다. 지식은 경험과 개념틀의 두 가지 복합 작용에서 나온다'로 정리됩니다. 칸트가 말한 다음의 문장을 통해서도 우리는 이 사실을 확인할 수 있습니다. 짧은 내용이지만 읽으며 무엇을 배울 수 있는지 고민해보는 것도 좋은 공부가 될 것입니다.

> "내용 없는 사고는 공허하며, 개념 없는 직관은 맹목적이다(Gedanken ohne Inhalt sind leer, Anschauungen ohne Begriffe sind blind)."

반면에 천재적인 재능을 지니고도 건강을 관리하지 못해 평탄하지 못한 삶을 보낸 인물도 있습니다. 프랑스의 소설가인 오노레 드 발자크입니다. 그는 평생 동안 100여 편의 장편소설을 써낸 열혈작가입니다. 그가 이토록 글을 쓰게 된 이유는 20대 중반에 사업실패로 진 큰 빚 때문이었습니다. 돈에 쫓기고 있다는 이유 때문인지 그는 오후 네시에 저녁을 먹고 잠든 뒤 자정부터 다음날까지

하루 16시간씩 글을 쓰며 열정을 불태웠습니다. 그렇게 노력한 결과 그는 '외제니 그랑데'를 포함하여 '고리오 영감', '사촌 베트', '골짜기의 백합' 등의 명저를 남겼습니다.

그가 건강을 잃은 원인은 크게 2가지입니다. 하나는 밤낮을 가리지 않고 글에 몰입하는 불규칙적인 생활이고, 다른 하나는 이런 자신을 붙들기 위해 마신 하루 40잔 이상의 커피입니다. 이렇게 극단적으로 자신을 몰아세운 결과 발자크에게는 회복되기 어려운 심장질환이 생겼습니다. 발자크가 생을 마친 시기는 그의 나이 51세 때입니다. 80년 동안 규칙적인 생활을 하며 건강을 지켰던 칸트와 비교해보면 그가 얼마나 자신을 학대했는지 알 수 있습니다.

애덤 그랜트가 지은 '오리지널스'라는 책을 보면 창의성이 발현되는 몇 가지 유형에 대해 자세히 확인할 수 있습니다. 그는 개념적 혁신가와 실험적 혁신가의 2가지 개념을 사용하여 이 차이를 설명했습니다. 개념적 혁신가들은 아이디어를 생각하고 개념을 실행하는데 강점이 있습니다. 반면에 실험적 혁신가들은 시행착오를 통해 문제를 해결하면서 지식을 축적하고 진화하는 방식을 활용합니다. 이 두 집단을 나누는 가장 큰 기준은 바로 '경험'입니다. 개념적 혁신가들은 경험을 쌓을수록 창의적인 사고능력을 잃어버립니다. 반면에 실험적 혁신가들은 시간이 지나면서 더 뛰어난 성과를 냅니다. 실제로 시카고대학교 경제학자 갤런슨이 노벨

상을 수상한 경제학자들을 연구한 결과, 개념적 혁신가들은 가장 큰 영향을 미친 연구를 평균 43세 전에 한 반면, 실험적 혁신가들은 평균 61세에 한 것으로 나타났습니다.

  우리가 좋아하는 일을 오랫동안 하려면 균형 잡힌 삶을 유지할 수 있어야 합니다. 몰입하는 순간을 즐기는 일도 필요하지만 이를 어떤 방식으로 해야 더 즐겁고 오래 할 수 있을지 생각하는 넓은 관점도 함께 갖추도록 노력합시다. 이는 삶에서 얻을 수 있는 경험이라는 자원을 얼마나 효율적으로 쓸 수 있는지에 따라 결정됩니다. 주변에 있는 요소를 잘 활용하여 자신의 발전에 활용하는 실험적 혁신가를 떠올려봅시다. 그들의 수명은 개념적 혁신가보다 깁니다. 열정을 불사른 뒤 일찍 세상을 달리 한 발자크와 규칙적인 생활을 하며 평생을 철학적 사유에 바친 칸트를 비교해봅시다. 사실 우리가 이 두 사람의 인생 중 어느 것이 더 낫다고 섣불리 판단해서는 안 됩니다. 허나 이들의 인생은 우리가 삶을 바라보는 관점을 제시해주는 좋은 사례입니다. 잠시 눈을 감고 고민해봅시다. 좋아하는 일을 하려면 어떻게 해야 할까요? 또 우리는 누구를 롤모델로 삼아야 할까요? 제시한 사례들이 그 답을 찾는데 도움이 되었으면 합니다.

모두가 상생하는 시스템을 꿈꿔라

계급의 대립은 사라질 것인가?

"인간의 모든 역사는 계급투쟁의 역사다."라는 말이 있습니다. 마르크스와 엥겔스가 '공산당 선언'에 기록한 내용입니다. 모두가 상생하는 시스템은 과연 있을까요? 대부분의 사람들은 이 대답에 부정적입니다. 아쉽게도 사냥을 하며 살았던 선사시대의 부족사회를 제외하고는 모든 역사가 계급의 대립 관계를 묘사하고 있습니다. 시대에 따라 이름만 조금씩 바뀌었을 뿐이죠. 농경사회에서는 영주와 농노, 산업혁명 시절에는 자본가와 노동자 등으로 이 관계는 조금씩 변해왔습니다.

계급의 대립이란 어느 한 집단이 손해를 본다는 사실을 의미합니다. 역사에는 이에 대한 기록이 참 많습니다. 노동자가 원가 절감을 위해 공장에 설치된 기계를 파괴하며 스스로의 권리를 되찾으려 했던 러다이트 운동이 대표적입니다. 반면에 자본가들은 노동자 주도로 발생했던 비슷한 형식의 활동을 뼛속 깊이 증오했습니다. 이처럼 대개 누군가의 이익은 다른 집단의 손해로 작용합니다. 마키아벨리 역시 이 의견에 동의했던 것 같습니다. 다음은 이 사실에 대한 그의 의견이 수록된 로마사 논고의 문구 중 일부입니다.

> "군주들은 부유한 것처럼 살고 싶어 했기 때문에, 엄청난 수탈을 자행하기 위해 온갖 방법을 동원하지 않을 수 없었다. 그들이 취한 비열한 방법 중 하나가 특정한 행동을 금지하는 법들을 만드는 것이었다. 그러고 나서 그들은 자신들이 먼저 핑계를 대고 그 법에 복종하지 않았으며, 많은 백성들이 위반하는 것을 발견하게 될 때까지 위반하는 자들을 처벌하지 않고 방치하였다. 그런 다음 그들은 처벌하는 방향으로 돌아섰는데, 그 이유는 준법정신에 대한 열의에서가 아니라 벌금을 징수하려는 열망에서 비롯된 것이었다"

위 문구에서 핵심적으로 생각해야 할 것은 '프레임'입니다. 군주들은 재산을 축적하기 위해 모든 국민이 지켜야 할 규칙을 만들었습니다. 사람들은 규칙을 만드는데 참여할 수 있는 권한조차 없었음에도 불구하고 이에 따라야 했습니다. 당연히 이런 법칙은 전적으로 지배층에 유리하게 작용합니다. 세부적인 내용은 조금씩 다를 수 있지만 거의 대부분의 역사가 이와 같은 방식으로 전개되었습니다.

그렇다면 지배층은 규칙을 어떤 방식으로 설계할까요? 이는 크게 2가지로 나눌 수 있습니다. 첫째는 세율을 높여서 사람들을 쥐어짜는 것과 동시에 그들에게 줄 돈의 규모를 줄이는 것(복지 축소)입니다. 이렇게 하면 전체적으로 국가에 걷히는 돈의 양이 늘어납니다. 만약 이때 나쁜 마음을 먹고 있으면 늘어난 세금은 거의 대부분 지배계층의 주머니로 들어갑니다. 대개 이런 현상은 자신이 다스리는 백성을 도구로 보는 시각이 강할 때 발생합니다. 안타깝게도 이런 악습은 고대부터 있었습니다. '눈에는 눈, 이에는 이'로 유명한 함무라비 법전 제199조에는 '다른 사람이 소유한 노예의 눈을 다치게 하거나 뼈를 부러뜨린 사람은 그 노예 값의 절반을 주인에게 물어 주어야 한다'는 내용이 기록되어 있습니다. 노예를 돈으로 계산할 수 있는 물건으로 보지 않았다면 이런 조항은 생기지 않았을 것입니다.

반면에 세금을 많이 걷기 위해 세율을 낮추는 경우도 있습니다. 대개 이러한 성향을 가진 리더들이 사용하는 방식은 거둬들이는 세금의 양을 파격적으로 할인하고, 완전히 납부할 경우 남는 생산물은 그들의 개인 소유로 할 수 있도록 허락하는 것입니다. 당연히 자신의 재산을 가질 수 있다고 생각하는 사람들의 의욕이 그렇지 않은 이들에 비해 높습니다. 이는 농산물의 전체 생산량을 증대시킵니다. 그러면 자연스럽게 거둬들이는 세금의 양도 늘어나죠. 종래에는 세율은 낮으면서도 거둬들이는 세금의 양은 많아지는 이상적인 상황이 발생합니다.

어찌 되었건 이런 관계 속에서도 유리한 것은 지배계층입니다. 비록 두 번째 전략이 처음에 말했던 사례보다는 인간적이지만 결국 위에서 언급한 방법들은 백성보다 지배계층이 더 쉽게 재산을 축적할 수 있는 구조입니다. 이처럼 세금이 높고 낮음과 상관없이 지배계층이 피지배계급을 착취하는 구조가 형성된 근본적인 원인은 지배층이 지닌 토지, 공장과 같은 생산수단입니다. 이 수단을 갖지 못한 서민계층은 자신의 노동력을 지배계급을 위해 제공하는 과정을 통해서만 생계를 유지할 수 있습니다. 일을 한 다음 급여를 받는 형식으로 말입니다. 보수는 예전에는 곡식, 요즘은 화폐의 형태로 제공되었습니다. 문제는 노동력이라는 가치를 판단하는데 필요한 정확한 기준을 세우기가 어렵기 때문에 특정한 협의를 하지 않는 상황이라면 급여가 대개 최저 수준으로 책정된다는 점입니다. 이렇게 착취된 수익은 지배계층의 힘을 강화하는 데 사용됩니다. 안타까운 현상입니다. 슬프게도 역사는 거의 대부분 이런 관계 속에서 형성되어 왔습니다. 이 부분에 대한 문제를 강력하게 제기한 사람이 우리가 잘 알고 있는 칼 마르크스입니다. 그의 작품인 자본론을 보면 해당 내용이 자세히 기록되어 있죠.

오늘날에 일어나고 있는 일도 곰곰이 살펴보면 이전과 크게 달라지지 않았습니다. 그러나 세계화의 탓인지 이전과는 다른 반응이 종종 나오기도 합니다. 자신을 수탈하려 하는 지배층의 영향력에서 벗어나거나 (이민, 국적 포기), 권력층의 생산수단을 빌지 않고 스스로 부를 축적하는 방법(지식노동자)이 대표적입니다. 특히 지식노동자의 경우 자본가를 위해 일을 하지 않으면서도 개인이 원하는 라이프 스타일을 누릴 수 있다는 장점 때문에 많은 사람들로부터 선망의 대상이 됩니다. 영주와 농노로만 나뉘던 시대에 부르주아라는 새로운 계층(농노도 아니고 영주도 아닌)이 나타나며 역사가 바뀐 것처럼 이들의 등장이 앞으로의 미래를 어떻게 변화시킬지 예측하는 것도 좋은 공부가 될 것입니다.

이런 상황이 되자 힘이 있는 사람들의 입장은 난처해졌습니다. 수탈할 수 있는 재화의 양이 줄어들기 때문입니다. 지배계층은 백성들이 말을 듣지 않는다며 불평하기 시작했습니다. 자신이 범한 도덕적인 잘못은 생각하지 않고 말입니다. 이런 그들을 향한 마키아벨리의 비판은 송곳처럼 날카롭습니다.

"군주들은 자신들이 다스리고 있는 인민들이 범한 죄악

에 대해 결코 어떠한 불평도 하지 말아야 한다. 그러한 죄악은 필연적으로 군주의 태만이나 그 자신이 저지른 잘못들에서 유래하기 때문이다. 오늘날 인민들 사이에서 횡행하는 강도질이나 그와 유사한 죄악들을 검토한 사람이라면 누구나 그러한 죄악들이 전적으로 그들과 같은 본성을 가진 통치자들에게서 비롯된 것임을 발견하게 될 것이다."

사실 이 정도 되면 지도층은 시민들의 삶에 그다지 큰 관심이 없다고 보아야 합니다. 또한 오늘날의 삶은 마키아벨리가 이 말을 했던 중세보다 훨씬 더 복잡합니다. 만약 누군가가 지도층에게 고마움을 느낀다면 그들을 위해 당연히 무언가를 더 해주려 할 것입니다. 하지만 원망하는 사람들이 더 많은 경우라면 필요한 수단을 활용하여 제도를 자신들이 원하는 방식으로 뜯어고치려 할테죠. 이런 시도가 성공할 경우 우리는 이를 '혁명'이라고 부릅니다. 하지만 생각만큼 자주 일어나지는 않습니다. 그리고 성공 가능성도 낮죠. 그러므로 우리는 상생하는데 필요한 마음가짐을 바탕으로 삶을 조금씩 바꾸는 방식의 안전하면서도 현명한 전략을 선택해야 합니다. 그렇다면 이 목표를 달성하기 위해 우리가 해야 할 것은 무엇일까요? 다음의 이야기를 읽으며 함께 생각해보도록 합시다.

한 스승의 마지막 수업 날이었습니다. 스승은 제자들을 데리고 들판으로 나가 빙 둘러앉게 했습니다. 그리고 제자들에게 잡초를 없앨 수 있는 방법을 물었습니다. 평소에 생각해 본 주제의 질문이 아니었기에 제자들은 "삽으로 땅을 갈아엎으면 됩니다.", "불로 태워버리면 없앨 수 있을 것 같습니다.", "뿌리째 뽑아 버리면 됩니다." 라며 건성으로 대답했습니다.

모든 제자들의 대답을 들은 스승은 제자들에게 집으로 돌아가 각자 말한 방식으로 마음속에 있는 잡초를 없애라고 명했습니다. 만약 목표를 달성하지 못했다면 1년 뒤에 다시 이 자리에 모이자는 말도 남겼죠.

마음속의 잡초를 없애지 못한 제자들은 1년 뒤 같은 장소에 모였습니다. 그런데 뭔가가 이상했습니다. 잡초로 가득했던 그 들판은 온 데 간데없고 곡식이 가득한 밭이 그 자리에 있었기 때문입니다. 밭의 한가운데에는 이런 팻말 하나가 꽂혀 있었습니다.

"들판의 잡초를 없애는 방법 중 가장 좋은 방법은 그 자리에 곡식을 심는 것이다. 마찬가지로 마음속에 자라는 잡초 또한 선한 양심으로 어떤 일을 실천하며 그 원리를 마음으로 체득할 때에만 뽑아낼 수 있다."

어려움을 없애기 위해 우리에게 가장 필요한 자세는 올바른 것을 익히며 세상을 살아갈 나만의 기준을 만드는 것입니다. 세상의 근심과 걱정이 마음에 자리 잡고 있다는 사실은 삶을 이겨낼 핵심적인 원리가 그에게 없다는 것을 의미합니다. 올바른 마음으로 심어진 가치는 우리의 인생을 바르게 하는데 큰 도움이 됩니다. 모두가 상생하는 시스템을 만들기 위해 선행되어야 할 작업은 바로 이것입니다. 옳은 가치를 가진 사람들이 많아질 때 사회는 긍정적인 방향으로 나아갈 수 있습니다. 물론 세상에는 이런 조건을 달성하지 못한 사람의 수가 더 많습니다. 그러므로 한 개인은 올바른 마음을 바탕으로 자신을 지킬 수 있는 단단함을 갖추도록 노력해야 합니다. 그 과정 속에서 개인의 능력과 마음이 함께 성장할 수 있습니다.

연결 경제의 혜택을 누리기 위한 우리의 자세

요즘 미디어에서는 상생이라는 말을 자주 씁니다. 상생은 무엇일까요? 그리고 어떤 방식으로 상생해야 모두에게 좋은 것일까요? 사람들이 요즘 이야기하는 개념은 '연결'입니다. 상생하려면 일단 혼자 있어서는 안 된다는 뜻입니다. 그런데 그 방법이 시대에 따라 조금씩 바뀌고 있습니다. 예를 들어 농경사회의 사람들이 상생을 위해 취할 수 있는 가장 쉬운 방법은 사람들의 힘을 한 곳으로 모을 시스템을 구성하는 것이었습니다. 물리적으로 멀리 떨어진 상태에서 무언가를 같이 하려고 해도 시간 및 비용상으로 손해가 많았기 때문입니다. 그래서 협력을 이루는 업체의 종류나 형태가 다양하지 않았습니다. 이 시기의 상생은 거의 대부분 노동력을 나누는 품앗이의 형태로 이루어졌습니다.

그러나 오늘날은 전혀 다른 방식으로 협업이 이루어집니다. 인터넷의 발달로 인해 거리로 인한 장벽이 무너졌기 때문입니다. 정보를 공유하고 유익한 소식을 알리며 사람을 모으는 것이 목적인 인터넷 기반 마케팅 체제에서는 거리로 인한 제약이 거의 없습니다. 그렇기 때문에 예전과는 다른 가치를 요구합니다. 앞서 언급한 개념인 '연결'입니다. 과거에는 가까운 곳에 있어야 협업이 되었기 때문에 연결은 그다지 중요한 문제가 아니었지만 시대가 변하면서 업무 방식이 달라진 것이죠.

이런 이유로 요즘 우리가 생각할 수 있는 프로젝트는 연결 경제를 만들어 낼 수 있느냐 없느냐에 따라 그 중요도가 확연히 달라집니다. 가까운 곳에 두 개의 회사가 함께 있다고 할지라도 사람들에게 가치 있는 무언가를 만들어 내지 못하면 소비자들로부터 쉽게 외면받습니다. 반면에 대중이 생각하지 못했던 기발한 아이디어를 만들어 내는 업체 간의 협업(연결)은 엄청난 부가가치를 창출합니다. 온라인과 오프라인을 연결하는 O2O사업이 대표적입니다. 민박집에서 출발한 숙박 공유 사이트 에어비앤비(Airbnb)의 기업 가치가 200억 달러(약 22조 원)로 평가받는 것을 보면 우리는 그 사실을 쉽게 추측할 수 있습니다. 이는 세계적으로 유명한 호텔 체인인 메리어트(159억 달러)와 하얏트(84억 달러)보다도 큰 액수입니다.

그렇다면 이런 환경 내에서 우리는 어떤 가치를 마음에 품고 있어야 할까요? 먼저 새로운 아이디어에 대한 열린 마음이 있어야 합니다. 한계를 확장시킨다는 마음가짐으로 현상황을 지속적으로 개선하고 가치 있는 무언가를 만들어내는 움직임이 이런 마음의 대표적인 사례입니다. 배움에 대한 끊임없는 열정 역시도 무시할 수 없는 요소입니다. 이전에 익힌 지식으로 평생을 살 수 없다는 위기감이 팽배해있는 시기에 공부를 즐기는 사람은 그렇지 않은 사람들에게 비해 생존 가능성이 훨씬 높습니다.

기회가 주어졌을 때 연결된 사람들에게 베푸는 배려와 관용도 우리가 중요하게 생각해야 할 가치입니다. 사람들이 스스로를 고귀하게 생각하도록 만들며 다양한 기회를 서로 나눌 수 있도록 열린 대화의 장을 마련합시다. 이는 우리 모두가 앞으로 나아갈 수 있는 길을 마련해 줍니다. 또한 더 나은 연결 경제를 만들어 낼 수 있는 여러 가지 수단을 마련하는데도 도움이 되죠.

이를 증명하는 지표는 많이 있습니다. 현대사회의 구조를 보면 이 사실이 명백히 드러납니다. 전문화된 지식과 솔루션을 제공해야 하는 4차 산업 하에서 가장 중요한 것은 데이터입니다. 이와 같은 데이터는 개방적인 클라우드 시스템을 기반으로 활발하게 이루어집니다. 클라우드 시스템 하에서는 개인이나 단체가 원하는 정보를 제약 없이 모두 볼 수 있기 때문에 연구도 활발하게 이루어지고, 문제를 해결하는 속도도 빠릅니다. 특히 선진국의 경우 클라우드 시스템은 전체 인터넷 트래픽의 50% 이상을 차지할 정도로 일상화 되었습니다.

실제로 미국에서는 공장과 병원 및 금융기관의 내부 서버가 사라지고 있는 추세입니다. 한국이 이런 변화의 흐름을 따라가지 못하고 있다는 사실은 좀 아쉽습니다. 한국의 기관이나 회사가 클라우드를 활용하여 공유하는 정보는 인터넷 전체의 3% 정도로 매우 낮습니다. 전문가들은 이 원인으로 공공 데이터의 개방 부족을 제시합니다. 미국의 공공기관에서는 클라우드를 기반으로 한 양질의 데이터를 편하게 활용할 수 있지만 한국의 공무원은 내부망과 외부망이 분리된 환경으로 인해 업무상 고충이 많습니다. 그러므로 기업의 변화를 쉽게 따라가기 어렵습니다.

지식 정보를 제공하는 사람들의 입장에서도 연결은 매우 중요한 개념입니다. 글을 쓰는 작가인 제게 있어 데이터의 교류는 양질의 콘텐츠를 생산하는데 꼭 필요한 요소입니다. 예를 들면 이렇습니다. 먼저 SNS나 인터넷 검색을 통해 발견한 유익한 기사나 글을 필요에 따라 분류하고 이름표(태그)를 달아 클라우드 기반 프로그램에 저장합니다(저는 에버노트를 활용합니다). 이후 특정 주제와 관련된 글을 쓸 때 에버노트에서 태그와 검색어를 입력하면 집필에 필요한 전문가의 인터뷰 및 각종 통계자료를 즉시 활용할 수 있어 도움이 됩니다. 아마 다른 작가분들도 저와 비슷한 방식으로 작업을 진행할 것입니다.

　모두 상생할 수 있는 시스템을 구축하는데 필요한 가장 중요한 요소는 다른 사람들에게 이로운 가치를 전달할 수 있는 링크(혹은 노드)입니다. SNS나 인터넷에 흩어져 있는 좋은 링크를 찾아다니며 자신을 연결하는 것이 발전을 위해 필요한 전략이라는 뜻입니다. 이 목적을 달성하려면 먼저 내가 다른 사람들에게 가치 있는 링크가 되어야 합니다. 내가 주변 사람들에게 줄 수 있는 유익한 가치는 무엇일까요? 어떤 것이든 꼭 하나는 있어야 합니다. 그게 연결 경제 사회 내에서 개인이 생존하기 위한 최소 조건이기 때문입니다.

에필로그

누구나 한 번쯤 천재가 되는 알약을 상상해 본 적이 있을 것입니다. 다른 사람보다 월등히 뛰어난 능력을 바탕으로 삶을 주관하는 꿈은 누구에게나 매력적입니다. 실제로 이런 바람은 영화제작으로 이어졌습니다. 평범한 사람을 천재로 만들어주는 알약을 둘러싼 각종 음모를 다룬 '리미트리스'가 대표적인 사례입니다.

스토리는 이렇습니다. 작가 지망생이지만 재능이 없었던 에디는 어느 날 갑자기 찾아온 처남인 버논이 준 약인 NZT-48을 먹고 천재작가로 변신합니다. 문제는 알약의 효과가 하루밖에 지속되지 않았다는 점입니다. 이런 이유로 약을 더 얻고 싶었던 에디는 버논에게 찾아가지만 그는 이미 죽어있었습니다. 누군가가 살해한거죠. 그 과정에서 에디는 버논이 남긴 NZT 약봉지를 발견하고 이를 따로 챙겨둡니다. 이후 에디의 인생은 장미빛으로 변합니다. 더 이상 이야기하면 영화를 보시는 분들의 재미가 반감될테니 저는 이쯤에서 이야기를 끝내겠습니다.

그 중 제가 가장 주목하고 싶은 부분은 주인공이 약을 처음 먹은 바로 그 순간 집세를 독촉하는 상대방의 가방 안에 있던 교재의 내용을 줄줄 암기하는 장면입니다. 사실 주인공은 그 교재를 대학 시절에 익힌 적이 있지만 지금은 안에 어떤 내용이 있는지 기억하지 못합니다. 그러나 알약을 먹자 시간이 흘러 잊혀졌던 지식이 다시 살아났고 결국 위기를 모면할 수 있었죠. 이 사건은 제게 큰 충격을 주었습니다. 결국 누군가가 천재가 되려면 어떤 방식으로든 과거에 익혔던 지식을 활용해야 된다는 의미였기 때문입니다. 그러므로 우리는 다양한 전략을 활용하여 과거를 주름잡았던 유용한 지식을 내 것으로 활용하고 현대에 맞게 이를 조화시키도록 노력해야 합니다. 안타깝게도 우리는 거의 대부분 과거의 지식을 익히고 살지만 이를 어떻게 활용할 수 있을지에 대한 고민은 상대적으로 많이 하지 않습니다.

　대개 학문적 진보는 이전에 쌓아온 무언가가 무너지면서 생깁니다. 그러나 이 말을 '이전에 쌓아온 무언가'가 중요하지 않다는 의미로 오해하지는 않으셨으면 합니다. 한 학자가 독창적인 이론을 발표했지만 아무도 이해하지 못하면 그 이론은 창의적이란 평가를 받기 어렵습니다. 어떤 지식이 창의적인지 알 수 있는 가장 좋은 방법은 이전에 쌓아온 지식 간의 연관성을 생각하는 일입니다. 과거를 무시하는 사람은 지식을 쌓기 어렵습니다. 마키아벨리 역시 우리에게 이런 지식을 갖추길 원했습니다. 이런 그의 바람은 로마사 논고 2권 서문에 자세히 기록되어 있습니다.

> "내 글을 읽는 젊은이들은 운명의 여신이 기회를 제공할 때마다 현재를 거부하고 과거를 모방할 준비를 능히 갖추게 될 것이다. 시대와 운명의 악의로 인해 당신이 실천할 수 없었던 그러나 가치 있는 그런 일들을 다른 사람들에게 가르치는 것은 선량한 사람의 의무이다."

사람이 사람일 수 있는 이유는 공부할 수 있다는 사실 때문입니다. 지난날의 과오를 기억하고 더 나은 방향으로 자신을 만드는 일은 우리에게 큰 의미가 있습니다. 다만 그 과정을 충실히 따르지 못하는 사람들이 많다는 사실은 좀 아쉬움으로 남습니다. 마키아벨리는 공부를 신성한 것으로 생각했습니다. 매일 저녁 시간을 내어 의관을 정제하고 바른 자세로 책을 펼쳤습니다. 특히 그가 집중했던 부분은 역사였습니다. 과거의 실수를 똑같이 저지르지 않겠다는 그의 의지가 반영된 결과가 아닐까 생각합니다.

만약 누군가가 제게 로마사 논고의 핵심을 요약하라고 한다면 제 선택은 '자존'입니다. 비록 그 과정에서 항상 좋은 것만을 볼 수는 없겠지만 결국 그가 바랬던 가치는 이랬을 것이라는 믿음이 책을 읽으며 생겼기 때문입니다. 세상에 생기는 모든 문제는 대부분 개인의 마음에서부터 유래합니다. 세상은 항상 그러하지만 이에 따른 우리의 마음이 세상을 다르게 보도록 만드는 거죠. 아마 우리가 알고 있는 모든 역사적 사건은 이런 사소한 생각차이로 인해 발생했을겁니다.

    사실 이 책 한 권만으로 로마사 논고를 다 이해했다고 이야기하기에는 무리가 있습니다. 다만 그 책의 일부를 통해 삶을 변화시킬 원리를 발견하셨다면 그것만으로도 저는 만족합니다. 만약 로마사 논고를 제대로 읽기로 결심하셨다면 어떤 환경에 있느냐에 따라 독서법이 달라져야 할 것입니다. 만약 역사에 관심이 많은 사람이라면 로마의 역사를 살피며 우리나라에 적용할 수 있는 부분이 무엇인지 생각하겠지만 개인적인 관점에서 이를 파악하고 싶을 경우 로마의 역사적 사례를 통해 얻은 교훈을 자신에게 적용하려는 노력을 실시하는 방향으로 진행되겠죠.

    이 책을 통해 여러분이 얻고자 했던 바는 무엇이었나요? 제가 기록한 내용이 소기의 목적을 달성하는데 도움이 되었길 간절히 바랍니다. 이 책을 끝까지 읽어주신 여러분들의 배려와 사랑에 깊이 감사드립니다. 이 책을 통해 세상에 홀로 맞선 마키아벨리의 기개를 모두가 마음에 품길 간절히 바랍니다.

정의석 드림

마키아벨리의 토론수업

1판 1쇄 발행 | 2017년 4월 20일
지은이 | 정의석
펴낸곳 | 북씽크
펴낸이 | 강나루
주   소 | 서울시 종로구 필운동 136-1 201호
전   화 | 070 7808 5465
등록번호 | 제 206-86-53244
ISBN 978-89-87390-05-5 13100
copyright©2017정의석

잘못 만들어진 책은 구입처에서 교환해 드립니다.

한국출판문화산업진흥원의 출판콘텐츠 창작자금을 지원받아 제작되었습니다.

Memo

Memo